触摸夜郎古国

林齐模 编著

華齡出版社

责任编辑：林欣雨
装帧设计：刘苗苗
责任印制：李未圻

图书在版编目（CIP）数据

触摸夜郎古国/林齐模编著．—北京：华龄出版社，2010.1
（寻找古国系列丛书）
ISBN 978-7-80178-595-4

Ⅰ.①触… Ⅱ.①林… Ⅲ.①夜郎（历史地名）-地方史 Ⅳ.①K928.6

中国版本图书馆CIP数据核字（2010）第011354号

书　　名：触摸夜郎古国
作　　者：林齐模　编著
图片提供：梁太鹤　万象图库　中国图片网　集成图像
出版发行：华龄出版社
印　　刷：三河科达彩色印装有限公司
版　　次：2010年1月第1版　2011年10月第4次印刷
开　　本：710×1000　1/16　印　　张：10.375
字　　数：68千字　印　　数：15 001～18 000册
定　　价：22.00元

地　　址：北京西城区鼓楼西大街41号　邮编：100009
电　　话：84044445（发行部）　传真：84039173

前　言

汉代，使者出访西南邻国，夜郎国的国君问汉朝使者说："你们汉朝大呢？还是我们夜郎国大呢？"这就是广为人知的典故：夜郎自大。

"夜郎自大"的典故，只是浮在历史海面上的冰山一角。认识夜郎古国这座巨大的冰山需要从此入手，但仅仅看到这些是远远不够的，那么就让我们潜入历史浩瀚的大海，首先去探寻一下夜郎古国的元始肇端。

"夜郎"一词最早的书面文字记载，是在司马迁《史记·西南夷列传》中，"夜郎自大"也正是典出于此。原文为："滇王与汉使者曰：'汉孰与我大？'及夜郎侯亦然。"如此看来，最先流露出自大情绪的应是滇国，应为"滇国自大"才对。但为何是夜郎为其背了黑锅，独占这一"恶名"呢？

答案似乎还要到《史记》中去找。《史记·西南夷列传》首句即称，西南夷的国君有几十个，夜郎是其中最大的。这一"大"的印象足以使人先入为主。且《史记》同卷载，西南夷的众多国君之中，只有夜郎、滇国被朝廷授予了王印。虽然滇国最受朝廷宠信，但是它只是一个很小的城邑。太史公既已定论，后人自然谨慎，故而一切贬消之词就忌与之相系。于是乎，这"自大"的名声就成了夜郎一家的"专利"，

而且这顶帽子一戴就是 2000 多年。

其实，夜郎在当时已经“出现了耕田，有聚居的城邑”，战时可得“精兵”10 余万，对“邻近的小城堡”有举足轻重的影响，俨然也是“西南地区性强国”，在当时特定的政治、经济、文化条件下，还是颇有“自大”的资本的。况且，“蜀道难，难于上青天”，西南地区自古有之的自然条件使之对外界相对隔绝，交通手段与今日更是不可同日而语，要求 2000 多年前的夜郎国君有“全球化”抑或“全国化”的战略眼光，显然是不可能的。故而，我们对其“自大”的行为自然不可过分责备求全，还是向它报以历史的善意微笑好了。

人们一提起夜郎，往往首先就会想到贵州。不错，尽管对于夜郎国的疆域及其中心区域，至今仍是众说纷纭，难有定论。但已考证出夜郎国及其前身牂牁国的政治中心——夜郎邑，即是今日贵州的安顺，从这一点上看，夜郎的核心区域应该就在贵州省内的西南部地区。夜郎及其前身的牂牁，亦是当时远离中央政权和华夏本土文明，偏安西南山区一隅的早期贵州的代表性文明。

而谈到古代夜郎，无论是空间还是时间定位，都需要从两种情况来看，即大夜郎概念和小夜郎概念之别，而且两者差异颇大。值得注意的是，概念无论大小，贵州西部地区均

前言

是夜郎疆域的核心。即使是按牂牁郡十七县之一县的说法，那么汉时夜郎县也是在这一区域（今贵州平坝、安顺一带）。可见，古夜郎同今贵州自古就有了密不可分的关系。

大夜郎概念的疆域由数郡组成。《后汉书》记载：战国时的夜郎"东接交趾，西有滇国，北有邛都国"，约为今贵州省的西部和西北部，云南省的东部和东北部，四川省的南部和广西壮族自治区的西北部。而另一说认为，夜郎鼎盛时期的疆域包括了今天贵州全省，北有今川南，南抵广西田林、南丹，东到湖南新晃，西辖云南曲靖、陆良，涵盖了牂牁国全境和武陵、犍为二郡的一部分。

而小夜郎概念认为夜郎的疆域仅局限牂牁一郡内。此概念又有以下三说：一是认为夜郎仅是牂牁郡所辖十七县中之

可乐遗址

一，但在南夷地区有数十相同族属之部落与其毗连，并臣服于夜郎。因此称以夜郎为首这一地区为夜郎地区。二说夜郎系一联盟政体，其地域东起贵州黄平，南边一线由东到西包括都柳江上游、右江上游过云南文山至红河东南，包括了牂牁郡全部。三是认为夜郎相当于今黔西、黔西北、黔西南、滇东北、滇东南和桂北一带，均不出汉牂牁郡范围。

从时间定位上看，夜郎国的前身是牂牁国。它在夜郎名称见诸文献之前即已在今日之西南地区存在了。其上限最迟可追溯到公元前7世纪的前651年，也就是我国历史上的春秋时期的周襄王元年。《管子·小匡》中齐桓公说道："余乘车之会九，兵车之会三，九合诸侯，一匡天下，南至吴、越、巴、牂牁……黑齿，荆夷治国，莫违寡人之命。"注曰："皆南夷国号。"可见，齐桓公称霸时，先已有牂牁国。以当时中原大国为例，从建国至强盛，约需百年时间。作为发展较慢的边远邦国，进展会更慢些。由此推断，牂牁国之上限当在西周中叶。至战国初，牂牁国衰。此时牂牁江上游的一股力量勃兴，占其北部大片土地，甚至夺取了牂牁国的政治中心夜郎邑作其首邑，而贬原牂牁国君及其族，使居夜郎邑东北地小邑且兰，并将原牂牁改为且兰，就近接受统驭。这就是历史上的小夜郎，也就是同样以夜郎邑为政治中心，并

以夜郎为国号的夜郎国。其可靠的最早年代是在公元前279年（楚威王二十年）。《史记·西南夷列传》中这样写道，楚威王的时候，派将军庄蹻率兵沿江而上，攻占了巴、蜀、黔中以西的地方。按常理，夜郎当然在被攻打前既已存在。而其下限则要到公元前27年（汉成帝河平二年）。《华阳国志·南中志》中记载，汉成帝河平年间，夜郎王兴、钩町王禹和劳卧侯命，举兵造反。牂牁太守请求发兵攻打他们。一些人以为路途太远而无法攻打，于是派遣太中大夫蜀郡张匡前去和解。但兴等并不从命，还用木头刻了汉吏的形状，立在道旁用箭射击。这表明夜郎王兴等地方君主不仅不从命，反而认为中央政权软弱可欺，公开造反挑衅。这次是夜郎国君真正自大了一回，而且是自大得过了头，激化了矛盾。当时的统治者也认识到了这种情形，终于夜郎国王兴被牂牁太守诛杀。《汉书·西南夷两粤朝鲜传》中记载，夜郎王兴的妻父翁指与兴子邪务集结残余势力，联合22个邑参加造反。但夜郎臣民企求安定统一的愿望，促使他们最后把翁指杀掉，然后拿他的头颅出城投降。至此，夜郎国即告消亡。代表奴隶制的夜郎国，终究未能维持独据一方、自为其政的局面，而是被统一的多民族的郡县制所代替。这也是历史发展的大势所趋。

青山依旧在，几度夕阳红。夜郎古国这片神奇的土地在地球版图上依然安好，只是换了一个名字叫作“贵州”，而且已经大大地增加了文明和现代化气息，并将继续迅速地增加下去。但不管时空怎么转变，世界怎么改变，夜郎故国的文明却超越了一切自然的和人为的界限，绵亘了2000余年。

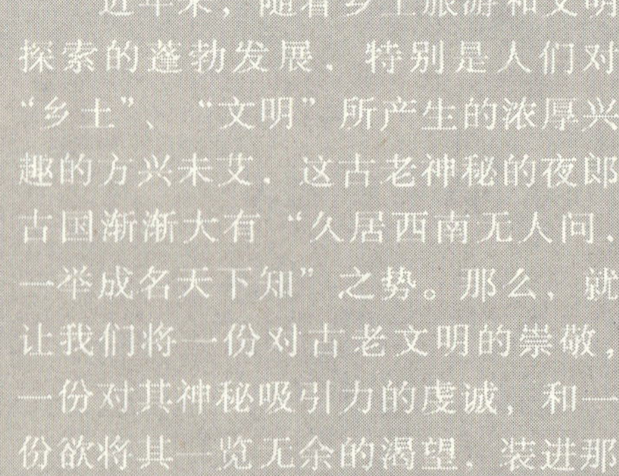

任凭潮落潮起，生生不息。因为它早已深入到这片神奇热土的各个民族的骨髓里，化作一股强大的精神血脉，奔腾不止……

近年来，随着乡土旅游和文明探索的蓬勃发展，特别是人们对“乡土”、“文明”所产生的浓厚兴趣的方兴未艾，这古老神秘的夜郎古国渐渐大有“久居西南无人问，一举成名天下知”之势。那么，就让我们将一份对古老文明的崇敬，一份对其神秘吸引力的虔诚，和一份欲将其一览无余的渴望，装进那心灵的背包，踏上通向夜郎神秘文明的精神之旅……

侗族鼓楼

目 录

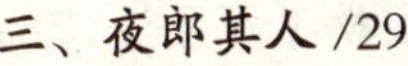

第一编 浮出历史地表

一、幽谷回声——远古时代的夜郎先民
二、长夜初曙——发现夜郎青铜文化
铜器考古中的奇迹
独一无二的“套头葬”
贵州高原最早的古代稻作文明
普安青山铜鼓山遗址
三、夜郎之谜
“套头葬”迷思
夜郎中心何在

一、幽谷回声
——远古时代的夜郎先民

夜郎考古有助于为我们揭去覆在其上的神秘面纱，让我们瞻仰夜郎先民鲜活的方方面面。从这里，夜郎先民微笑着从历史中向我们走来。

在 1964 年秋季一个霪雨霏霏的的日子里，我国考古工作者在黔西县沙井公社的观音洞发掘了贵州第一个史前人类的遗址，从而拉开了贵州古人类考古的序幕。随后，在 20 世纪 70 年代，在桐梓岩灰洞、水城硝灰洞、兴义猫猫洞、长顺青龙洞、兴仁屯洞、织金大岩洞、长顺神仙洞等地相继发现了七个遗址。到 90 年代总共调查发现古人类文化遗址近百处，发现各类遗物 20 万件，1993 年盘县大洞遗址被列为全国十大考古新发现之一。这些成果和收获，使贵州史前考古名列全国前茅，世界上的人们开始越来越关注这些遗迹。

这些遗迹我们可以从人类化石和文化遗存两个方面来欣赏。人类化石可分为直立人、早期智人和晚期智人，在贵州遗迹中除没有发现直立人的化石外，后两种化石都发现了，约有十多处遗迹，有上颌骨、下颌骨、肢骨、人头骨和牙齿数十件，在国内考古发现上尚属罕见。

1972 年在桐梓岩灰洞发现了两枚牙齿，是贵州首次发现的人类史前化石，以其地点命名为“桐梓人”，他们生活在距今 10 万年前。在 80 年代，在该洞又发现了 5 枚人牙，研究者结合各方面的资料对他们进行了深入研究。从形态特征的原始性看，主张更名为“桐梓猿人”，即晚期直立人，在时间上提高到距今 20 万年前。属于这一类的人类化石还有盘县大洞、水城硝灰洞等遗址中发现的资料。

◉旧石器时代普定穿洞出土头骨彩陶片

在这一方面，贵州发现的地点较多，人类化石非常丰富。以兴义猫猫洞的“兴义人”和普定穿洞的“穿洞人”为代表，尤其在穿洞遗址中发现两具人类头骨的情况，在国内属罕见，这是在贵州唯一的发现。这两个代表所具有的形态特征较早期智人进步，他们接近现代人形状，生活在距今1万年左右。晚期智人在普定白岩脚洞、安龙福洞、安龙观音洞、桐梓马鞍山等都有发现，史料之多，范围之广，证明了这一时期的古人类在贵州的存在和发展，无疑这也给夜郎文明奠定了坚实的根基。

从文化遗存角度看，贵州古人类为生存而创造和使用的工具及所遗留的遗迹，主要有骨角器、石器、陶器和用火遗迹——灰烬。在贵州，最早的旧石器文化当数黔西“观音洞文化”，距今约有五六十万年，材料有4000多种，这是长江以南最早、材料最丰富的旧石器早期遗址。石器类型多种多样，加工技术独特，因此被定名为“观音洞文化”。中期的旧石器文化以“桐梓人”、盘成大洞的石器文化和“水城人”为代表。盘成大洞经多次发掘，出土各类遗物2000多件，为这一时期的研究提供了大量翔实的证据。大洞将要建立古人类博物馆，为专家、学者提供一处现场研究的场所，同时更为旅游者提供一个探幽访古的景观。晚期的旧石器时代文化分布地点更为广泛密集，器物类型多样，文化内容丰富，这不仅继承了中期的传统技术，还有所创造和发展。其中最为突出的是普定穿洞，出土了大量的骨器，约有近千件，类型有骨针、骨铲、骨叉等，在国内同期遗址中属于罕见。

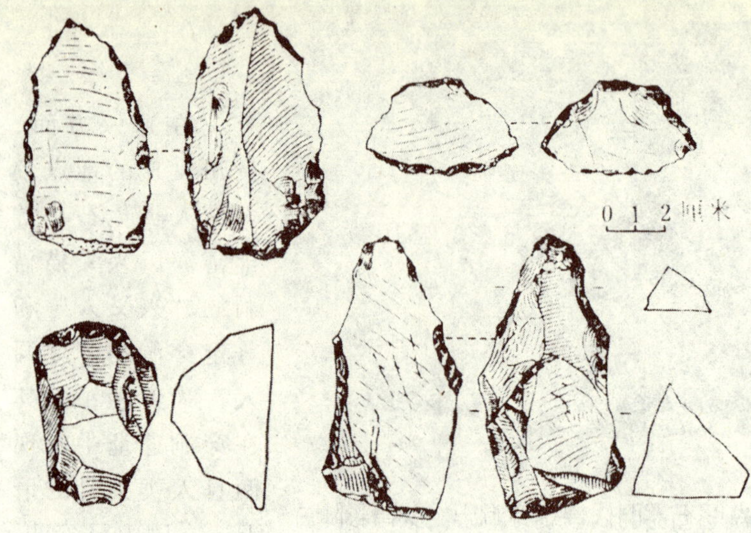

观音洞文化的石器

通常说来，新石器又叫做磨制石器，是指通过打磨而成的比较精细的石器。新石器由于棱角分明，比较易于辨认，贵州考古工作队非常兴奋地发现，贵州新石器时代遗物的线索很多，现在已发现磨光石器的地点约 50 处，分布在 30 个县市。发掘和征集的石器已达 400 件之多，从分布范围来看，与旧石器大体相近，以贵州西部地区为多，占发现点的绝大多数，黔北黔西黔东南都有少量发现。在约 50 多处发现地点，只有普安铜鼓山、毕节青场瓦窑、安龙观音洞、威宁中水吴家坪、赫章可乐、平坝飞虎山 6 处可断定为遗址。其中安龙观音洞地层堆积清晰，早晚时代发展明确，是从旧石器时代逐步过渡到新石器时代的遗址。贵州磨光石器的种类有石斧（双面刃口）、石锛（单面刃口）、石凿等，所用石料多为砾石，石质坚牢，制作技术精细，大多表面光滑细致，刃部锋利。这是具有地方特点的器形。穿孔石刀的穿孔技术达到了石器加工技术的高级水平。

贵州新石器文化的特点大致可以归纳为三点：第一是发现的地点多而密集，范围多集中于贵州西部；二是很多磨光石器都是与旧石器或青铜时代遗址共存；三是稍具规模的遗址或发现点位置多在山洞内或附近山洞较多的地方，在洞外目前还未发现能确认为新石器时代的遗址。从这些特点可以看出，贵州的古人类从旧石器时代到新石器时代晚期，就一

直在贵州西部的山山水水之间生息、繁衍，一直延续到青铜时代，并在此基础上发展和创造了辉煌的夜郎文化。可以说，夜郎的形成是贵州古人类几万年甚至几十万年古代文明的积淀。至于在一些夏商周秦汉遗址中伴存的石工具，有两种情况，一种是不同时代的人们都在同一地点生活过，遗物遗迹自然同时存在；另一种是因为各种原因造成贵州新石器时代延续时间较长，即使到了青铜时代甚至铁器时代，石器仍然没有被历史所抛弃，就像贵州解放前仍存在刀耕火种的习俗一样。

贵州的新石器没有在江河流域的台地找到确切的遗迹，这与贵州是科斯特岩溶地貌有关。科斯特山区多洞穴，洞穴不用伐木建房，且遮风避雨，也易于防止野兽的侵袭，是上天赐予贵州古人类的天然居所，这种情况直到20世纪末期，在贵州西部仍然存在。因此，若按常规在洞外寻找古人类遗址自然徒劳。又因洞穴空间有限，一代代长期在内活动，后人将前人的遗迹现象破坏也属自然，因此洞穴遗址中要想找到某一个时代的完整地层实属困难。

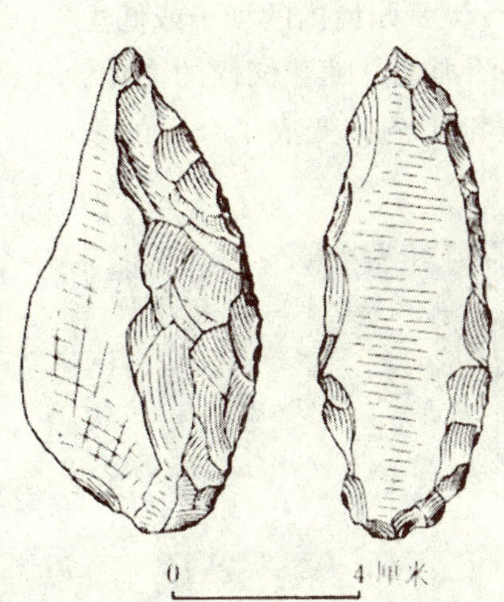

猫猫洞出土石器

从已发现的古代遗址与墓葬群的分布看，它们大都分布在地理环境较好的坝子周围的台地与小山丘地带。比如普安县青山镇发现的7处战国秦汉时期遗址，它们均分布在青山坝子四周的小山顶部，铜鼓山、屯上、铜壶山、狮子山、大营山、小营山等遗址，都是高出坝子30~100米的小山丘，其顶部分布着大量古人类遗留下来的遗物。再如，赫章可乐战国秦汉遗址和墓地也分布在可乐坝子四周的小山包上；粮管所汉代遗址位于坝子西南部，高出坝子80米左右；祖家老包战国秦汉墓地位于坝子东南，高出坝子100余米；锅落

包战国秦汉墓地座落在坝子南面，高出坝子 80 余米；地势较低的是雄所屋基汉代墓群，它也位于可乐坝子北部台地之上，高出坝子 10~20 米。夜郎考古调查中发现的古代遗址与墓葬群也是如此。比如安龙县龙广镇发现的 6 处战国秦汉遗址，它们均不在龙广坝子之中，而分布在坝子周围高出地面 100 米左右的小山丘上。再如兴仁县交乐汉墓群，除黄泥堡、龙树脚梁子上分布的汉墓地势较低，只高出交乐坝子 10 米左右外，其他汉墓分布地点，均在高出交乐坝子 50~100 米的官山、松林坡、纪山坡、五里岗、鲍家屯、云南寨等小山丘上。众所周知，古代贵州属热带与亚热带气候，天气潮湿炎热，雨量比现在充足，所以，今天贵州境内的坝子或低洼地，古代多数可能是天然池塘或沼泽地。随着气候的变化，雨量的减少，这些池塘与沼泽逐渐干涸，变成了今天的坝子。

长达 6 米古夜郎人用的独木船

二、长夜初曙
——发现夜郎青铜文化

铜器考古中的奇迹

夜郎青铜文化的发现最早可追溯到20世纪50年代。早在1954年，贵州省博物馆的工作人员在贵阳市废品公司仓库拣选到1件铜锄，该锄边沿残缺，绿锈斑斑，记录了它饱经坎坷的沧桑历史。经鉴定为2000年前的遗物，夜郎文化终于露出了蛛丝马迹。在青铜文化发现的前30年里，有一次发现是十分有趣的。

在1977年的10月，正是金秋送爽，柳家沟的一户农民像往常一样下地干活，清晨的天空，老两口在自家的自留地上翻耕，老汉宏亮的吆喝声震动了四方的山谷，山谷不断传来老汉幸福的歌声，和着黄牛的哞哞声，真是一幅绝美的田园劳作图。他犁着犁着，忽然一个金光闪闪的物件掉了出来，这是一块有数千年历史的凤钗，再深挖下去，一系列古国铜器呈现了出来。一个重大的考古发现就在老汉不经意的劳作中惊现于世。根据线索，县考古队在祖家老包及相邻的锅落包、罗德成地几处，发现了一大批地表无封土的小型土坑墓，当年发掘了25座，第二年又发掘了143座，两次出土石、陶、铜、铁等器物300余件。这一次发现成为30年来铜器考古中的奇迹。

在80年代以后夜郎文化的遗址更被考古学家大量地发掘出来。1982年在兴义县巴结镇供销社征集到铜钺1件，在

下纳灰乡征集到铜钺1件，在兴义县顶效镇征集到青铜钺3件，同时在兴义县土产安顺转运站废品仓库又捡到铜钺2件，斧形钺1件，在安龙县五台乡颠簸寨征集到单耳铜矛1件。1999年，安龙县龙广镇板拉寨农民在建房挖地基时发现一字格曲刃铜剑1件。该镇七星村农民掏枯井时，于7米深处得T形茎一字格青铜剑和蛇头形茎一字格青铜剑各1件。另外在与盘县相邻的云南曲靖，与赫章相邻的镇雄，与兴义、安龙相邻的广西隆林等地也先后发现有与夜郎青铜文化相同或相似的器形。

这些考古显示：战国秦汉时期贵州西部地区存在着一种与巴蜀文化、滇文化、楚文化、南越文化不同的青铜文化，这种青铜文化就是贵州夜郎地区的青铜文化。这种青铜文化既有自己的独特文化性质，又有自己的典型器物，只是目前尚未发现它的典型遗址与墓葬群，发掘的遗址与墓葬以及出土遗物均不太多。随着时间的推移与考古发掘工作的发展，这一时期文化遗存定会不断增加，这种青铜文化的全貌将会展现在人们的面前。贵州古夜郎地区青铜文化的典型器物发现并不太多，种类和数量也较少，比较有地方民族特点，且与四邻文化不同的典型器物大体有以下几种。

青铜器。青铜时代中最具特征的器物，贵州古夜郎地区青铜文化也不例外，所以，其典型器物种类较多。赫章可乐出土的Ⅲ型铜戈，威宁中水征集的Ⅱ型2式铜戈，兴义威舍发现的心形纹铜戈，普安铜鼓山和兴义发现的各式铜钺，威宁中水出土的V型铜剑，普安铜鼓山和清镇苗坟坡18号墓出土的Ⅳ型铜剑，以及安龙龙广发现的T字形茎一字格铜剑、普定出土

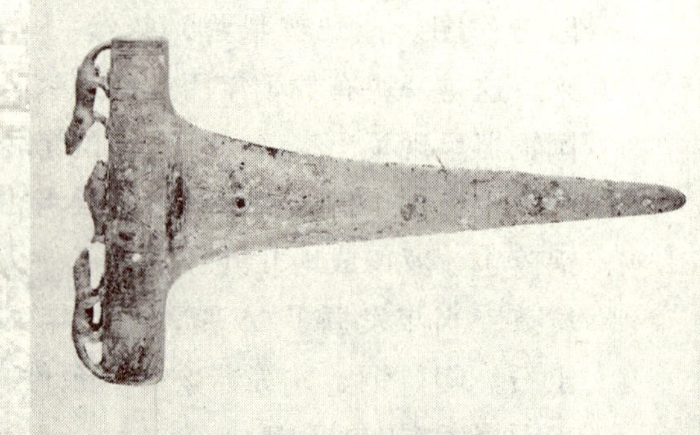

夜郎风格的无胡戈

单耳的陶杯

的8字形茎铜剑，都是青铜时代兵器中的典型器物之一。赫章可乐出土的鼓形铜釜、鼓改装的铜釜、立耳铜釜、鎏金铜鍪，威宁中水出土的贮贝器、普安铜鼓山出土的铜刀（扁窄尖的刀），以及威宁出土的牛头形、鲵鱼形、飞鸟形、镂狮（虎）形铜带钩、各式扣饰等铜器，安龙发现的羊角钮钟，其形制在国内其他地区少见或不见，也应是这种文化的典型器物。

陶器。贵州古夜郎地区青铜文化的陶器大多破碎，较完整又可复原者仅只200余件，其中威宁中水出土的各式单耳罐、觚（包括第二次发掘报告中所称的“瓶”）和粗柄豆具有独特的风格，应是这种文化的典型器物。

这种文化的陶器特征是：陶质火候较低，质地松软，触之易碎，很难剥取，多系夹砂陶，少见泥质陶，陶器颜色多红、灰两种，未见黑陶。均系手制，器形多不规整。器物种类主要是觚、单耳罐，另有豆、碗、罐等。纹饰多刻画的方格纹，其次是缕孔、绳纹、叶脉纹等。部分陶器口沿、腹部上发现了刻画符号，共有40余种，刻画符号应是文字的雏形，目前尚无法识读。

铁器。典型器物有赫章可乐和威宁中水出土的镂孔卷云纹弧形牌首圆柱茎铜柄铁剑、柳叶形铁剑和曲棒式铁带钩。

西汉炊具龙首柄青铜鍪，汉代炊具。此鍪于贵州长顺黄土坡出土

贵州古夜郎地区青铜文化的遗址和墓葬中，出土的铁器总数达180余件。这些

铁器的种类和形制大多与中原汉式同类器物无殊，可能系由巴蜀地区传入。但也有部分铁器具有地方民族特色，如镂孔卷云纹弧形牌首圆柱茎铜柄铁剑、柳叶形铁剑、曲棒式铁带钩等。除镂孔卷云纹弧形牌首圆柱茎铜柄铁剑在云南境内有个别发现外，国内其他地区尚未出土过。

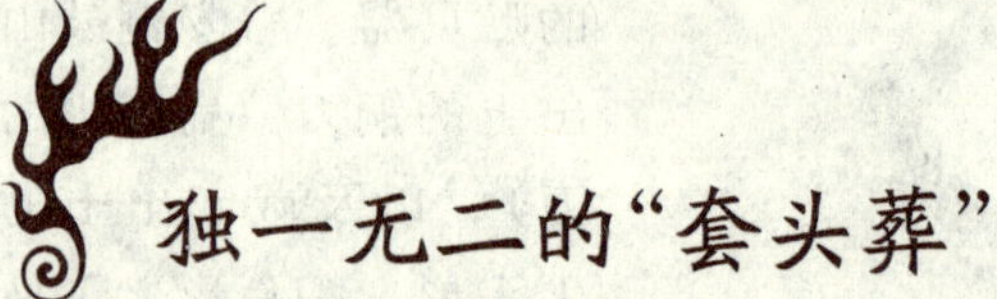

独一无二的“套头葬”

赫章，过去的说法是“去不得”的地方，因为那里既荒凉偏远，又贫穷落后。所以，从来没有到过赫章的人，认为那里是“蛮荒之地”，把它看做禁地。但是也有一伙好奇之人，怀着探险的欲望，成了第一批吃螃蟹的人。谁曾想，这样一来，引来了大批的游客，而这里天然的风光，更加使得他们流连忘返，乐不思蜀了。其中之奥妙，在于这里有着过去从来没有被人们发现的文化宝藏。姑且不论这里壮丽的绵延山城，优美的民族舞蹈，单是赫章千百年来前无古人后无来者的遗物遗迹，就已经吸引了五湖四海游客的目光。

走近可乐，你难以想象，脚下这片荒凉之地，竟是2000多年前与成都、昆明齐名的汉阳城，但从气势犹存的点将台，从不断发掘出的秦砖汉瓦，可想当年古夜郎中心名城的盛况。走近可乐，你难以想象，正是在眼前这僻壤偏邑，2000多年前夜郎文化与滇蜀文化交流频繁。座座古墓中以铜器套头的葬俗，出土的铜盆、铜锄、铜釜、铜鼓，无不再现了夜郎青铜文化的灿烂，传递了古彝先民创造文明的大智大勇。可乐，夜郎故国，一个让人产生美好遐想的地方。

20世纪50年代末期，赫章的农民在从事农业活动的时候，就意外地发现了大量的文物器皿。于是，大量的探险队、考察队就在附近地区进行了大量的勘测工作，发掘出了一大批铜器器皿。这些器皿大致分成土著人的和汉人的。见证了上千年前各族人民友好相处、共同生活、不断融合交汇

的深厚友谊。近年来，考古工作者又在赫章可乐发掘古代夜郎时期“南夷”民族墓葬 108 座，有许多重要发现。其中尤其是一些奇特的埋葬习俗以及具有浓郁民族特色的随葬器物，对揭示古代夜郎文化面貌，探索夜郎历史具有重要意义。发掘主要分两个工区进行。其中Ⅱ工区墓葬分布异常密集，在约 330 平方米范围内发现墓葬 81 座，许多打破或叠压关系令人吃惊。

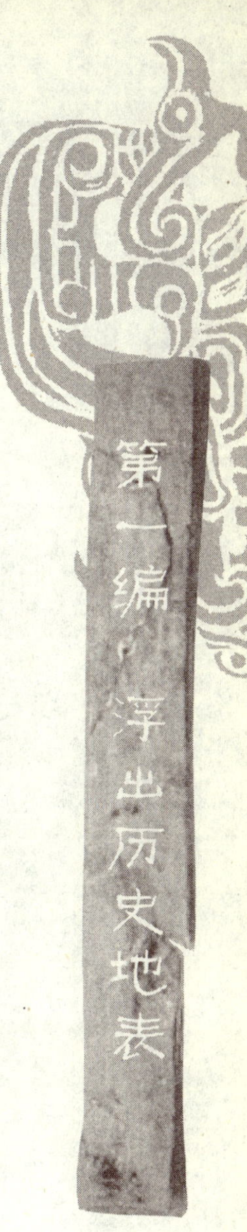

墓葬年代为战国至西汉时期，其中是否存在间隔期尚不明确。墓葬均为竖穴土坑墓，地表不见封土堆。墓内填土富含红烧土颗粒。墓葬规模不大，长 1.42~3.2 米，宽 0.4~ 1.45 米。平面形状主要为长方形，另有两种略变异的形状。一种前后端侧壁略作弧形外扩，平面约似一哑铃状，共发现 9 座墓。另一种头端顶壁中部有一小圆弧外凸，平面约似一钟状，共发现 8 座墓。埋葬人体的姿势多为仰身直肢葬，双手屈于胸前。另外也发现少量侧肢葬。

可乐奇特的“套头葬”

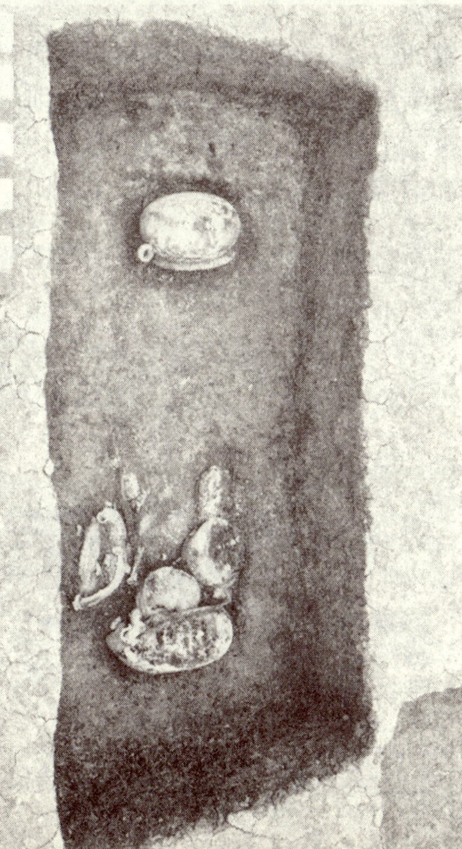

这批墓葬最引人注目的是奇特的“套头葬”。“套头葬”指用铜釜套于死者头顶的埋葬方式。其一是用鼓形铜釜套于头顶，在墓坑底部四周用未经加工的石块垒砌一圈。其二是用一件大铜釜套头，另外用一件大铜釜套脚，脸上盖一件铜洗，双臂上也放置有铜洗。其三是用一件大铜釜套头，用一件大铜洗垫于脚下，右臂垫一件铜洗，左臂旁侧立一件铜洗。“套头葬”铜釜内基本

都保存了一部分头骨，可看出均为仰身直肢葬。另外都发现使用木棺的痕迹。“套头葬”在国内其他地区尚未发现过，属夜郎民族特有的葬式，所反映出的丧葬意识和宗教观念很值得研究。随葬器物共出土 540 多件。器物分布多寡不一，许多墓里空无一物；有的墓仅一两件；稍重要的墓常有 1 戈、1 剑组合或附其他器物；最重要的墓随葬器物达百余件。

随葬器物包括铜、铁、陶、玉、漆、骨等不同质地。其中最具有地方民族特色的主要包括“套头葬”铜釜、兵器、装饰品和陶器等几类。

“套头葬”使用了两类铜釜。一类是辫索纹耳大铜釜，宽沿，鼓腹，圜底，腹上部纵向安置一对硕大的辫索纹环状耳。274 号墓出土的一件大铜釜肩腹部装饰一对圆雕立虎，立虎昂首扬尾，龇牙长啸，十分威武。这类铜釜共出土 3 件，外壁都附有较厚的烟炱。另一类是鼓形铜釜，也出土 3 件。这种形制的铜釜最早出土于云南祥云大波那和楚雄万家坝。赫章可乐先后已发现这种铜釜 10 余件，都用于“套头葬”墓。

兵器中以卷云纹茎首铜柄铁剑、卷云纹茎首铜剑和无胡铜戈最有特色。铜柄铁剑的剑把上装饰着镂空卷云纹和精细的雷纹、辫索纹，造型优美，工艺精良，表现出高超的设计和技术水平。青铜剑形制和铜柄铁剑相似，但造形与工艺明显逊色，可能是一种早期形制。铜戈都是直内无胡形，可分为长方形内和 M 形内两类。内上常有浅浮雕图形装饰。如350 号墓出土的 M 形内铜戈，内上饰 3 个牵手上举的人图形，援上也有图形装饰。类

辫索纹耳大铜釜

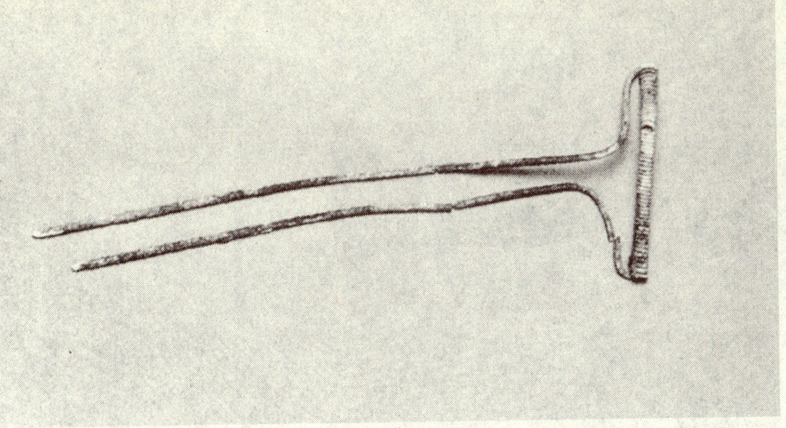

发钗

似的铜戈在贵州黔西南地区曾有出土，可能反映了地域之间的文化联系。

装饰品种类甚多。其中发钗都是铜质，包括 4 种形制。最多见的为 U 形双股发钗，其次为首部缠绕为簧形的双股发钗。发钗使用时，常见两只交叉平插于头顶。有的紧靠头骨，有的距头骨 4~5 厘米，说明发髻竖立于头顶，有高、低不同形式。这与《史记》记载夜郎民族为“椎髻”的发型特征正相吻合。

耳环有骨和玉两种，以骨为多。佩戴方式不一，有的双耳各佩 1 件，有的仅佩单耳，或在单耳上重叠佩 3 件。玉仅出土 1 件，主体呈璧形，外缘饰 4 片对称的冠状装饰，造形颇别致。

手镯皆铜质。往往多只成组佩戴，双手数量不一定对称，有的右手戴 1 只，左手戴 3 只。佩戴最多的，双手各排列 10 只。手镯形制主要为窄条环形和宽带环形两种。宽带环形手镯有的镶嵌着数列细小的绿松石片，石片呈圆形或多边形，直径约 0.15 厘米，中心钻有小孔。装饰品中还发现一些小铜铃、铜带钩和用玛瑙管、玉珠、骨珠等穿缀成的项饰。陶器出土不多，遇有出土每墓也仅 1 件。器形主要为单耳小罐，还有盘口瓶、圈足单耳小杯等。其中特点突出的是折腹饰 3~4 个乳钉的单耳罐。陶器皆黄褐色，夹细砂，手制，火候不高。

镶绿松石手镯

据了解，在可乐遗址 3.5 平方公里的面积下，大约有上万座古墓，目前发掘的还不到 4%，出土的石、陶、玉、青铜、铁、玛瑙等不同质地的农具、生活用品、战斗兵器、装饰品及农耕画像砖、乐工图画像砖等大量文物，反映了战国至秦汉时期独特的夜郎民族文化，以及秦汉时期的汉文化与夜郎民族文化相融合的特点。如用鼓形铜釜套头，以及用铜洗罩面、铜釜套脚的“套头葬”习俗，只有古夜郎文化才有。从发掘出的“敬吏”铜印的将军墓，人们无不惊叹夜郎将军的风采，夜郎军队的雄姿。该墓出土文物包括篆文印章在内多达百余件。据分析，套头铜釜曾是死者生前用的炊具，是特殊的宗教用器。有关专家认为，只有夜郎古国的首都，才能有这样的辉煌。

贵州高原最早的古代稻作文明

黔西北威宁县近年发现大面积古文化遗存。这些遗存从新石器时代晚期一直延续到东汉中晚期，时间跨度上千年。这是贵州省考古工作者在调查时发现的。除对大河湾吴家大

坪遗存进行钻探外，还对100多平方公里的中水坝子进行了探查，多数地方均有遗存发现。

在对大河湾遗址进行的钻探和试掘中发现，西到鸡公梁子、北到引水沟、东到冲沟坡地、南到大河湾冲沟坡脚，均有古人类墓葬分布，面积达10多万平方米，时代为新时代晚期至商周时期。

在吴家大坪遗址东北侧水果站斜坡地上，新发现大量古代墓葬。钻探范围南北长300米、东西长100多米，面积达3万~4万平方米。墓葬大小不均，深几十厘米，皆开口于耕土。从试掘出土完好的古人类尸骨和大量不同色质的泥土分析，这些墓葬时代大约为战国时期。

从村民挖出的大量陶器和磨制石器着手，在花桥村鸡公梁子山顶发现一处新石器晚期遗址。文化层厚约50厘米，第一层为黄褐色土，内含大量陶片；第二层为灰烬和烧土堆积，厚25~30厘米，文化遗物非常丰富，采集的陶片色质、纹饰、形状与大河湾遗址基本相同。此外，在张狗老包、刘家湾子、葫芦口等处都发现有重要线索，村民曾挖出过陶器和磨制石器。张狗老包地面上还发现许多东汉时期汉砖，其中一块牛马画像砖，长34厘米，宽25厘米，高8厘米，它的发现将中水古文化遗存的年代延伸到了东汉中晚期。

在中水考古调查的每一天，均有村民提供重要的考古线索。村民耕种挖出的文物数量多而精美，很多器物考古专家在贵州省首次见到。这说明，古文明在威宁中水至少延续了

马车画像砖

上千年不断，人类很早就选择在这里繁衍生息。

大河湾遗址出土的碳化稻谷是贵州高原最早的水稻实物标本，考古人员试掘的三个土坑中都有大量稻谷出土，其数量之大，分布之广，在贵州省考古史上都是独一无二的。专家称，这不仅为探讨贵州高原的古代稻作文明起源提供了最早的实物标本，而且为整个中国南方古代稻作文化研究提供了极为珍贵的实物资料，特别是遗址独特的文化内涵为探讨夜郎文化的源流具有非常重要的意义。

在考察云南昭通出土文物以及中水附近地带文化遗址时发现，在威宁的观风海至中水以及云南昭通、鲁甸一带存在着一种文化内涵基本相同的古文化圈。作为文化圈的中心，中水考古将带动这一文化圈考古的鼎盛时代，对它们的共同探讨和分析，也将推动夜郎考古的重要时期的到来，为恢复夜郎古国的面貌起到不可估量的作用。

中水古文化遗存的分布范围和时间跨度在贵州都十分罕见。它的发现，可能对夜郎考古乃至建立贵州早期文化发展谱系、复原整个贵州的民族历史都具有重要意义。逝去的夜郎古国在今人的视野中也只能说是“初见端倪”。中水古文化圈的发现将带来夜郎考古的一个重要时期。

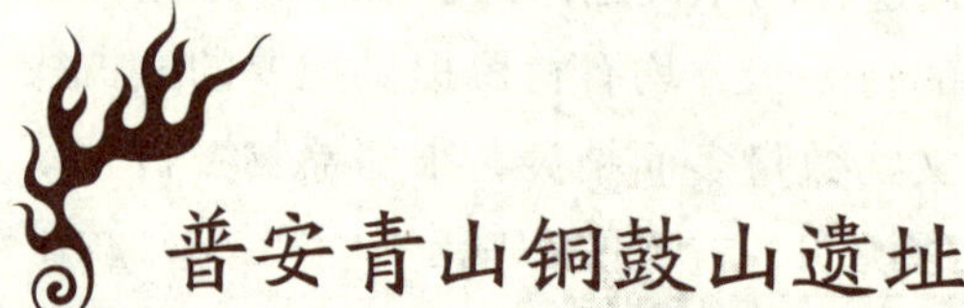

普安青山铜鼓山遗址

考古人员近年在普安县青山镇铜鼓山遗址的发掘中又获重大发现，从新出土的500多件遗物和大量陶片中，初步推断这里是一个铸造铜器的手工作坊。在结束第一次考古发掘后，对普安青山铜鼓山进行了第二次考古发掘，初步整理出土实物后，发现此次考古发掘工作是夜郎考古计划实施以来的一次重要考古发掘，也是继赫章可乐战国秦汉墓群后夜郎考古的又一重大考古发现。

这次考古发掘出土各类遗物500余件，陶器碎片万余

片。器物种类包括兵器、生产工具、生活用具、装饰品等。兵器包括铜钺、铜镞、铜弩机、铁刀、铁剑、铁铤铜镞等；生产工具有尖叶形铜、铜刀、铜雕刀、铜锥、骨锥、石（陶）纺轮、铜钩、砺石、石杵、石臼、石凿、石石奔；还发现铸造铜器的工具——模（戈）、范（剑、铃、残范等）及坩埚。生活用具主要是陶器，由于残碎太甚，器形难辨，初步认定的有釜、罐、体、碗、锅桩等。装饰品出土数量最多，约占出土小件 1/3 左右，种类有各种质地的镯、环、发钗、笄、扣饰、璜、管等。同时发现战国秦汉时期人类的活动面、居住面、柱洞、火膛等遗迹，搞清楚了两道石围墙的时代，还采集大量动物骨骼、各文化层土样等标本。

这批出土文物中，戈内端饰三个牵手上举人物图形的陶模是贵州首次出土，也是我国西南地区第一次发现。它的出土说明，原兴义威舍、赫章可乐出土的同类铜戈应是夜郎民族自己生产制造，这类铜戈属夜郎民族的典型器物之一。这次考古发掘还出土铜钺各 1 件，尖叶形铜 1 件，它们均是贵州省第一次科学发掘出土，对确定其时代有着重要意义。

铜鼓是夜郎典型遗物之一，此为赫章出土的铜鼓

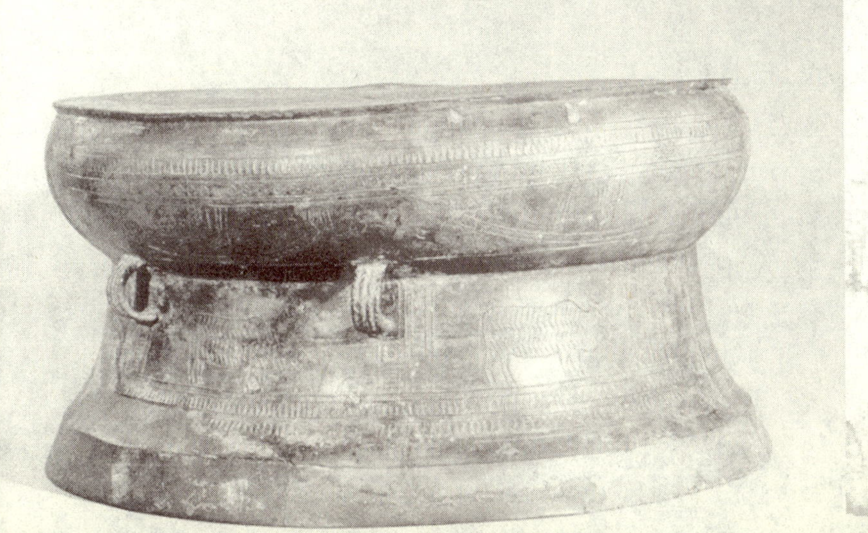

经过两次发掘，专家初步推断铜鼓山遗址是一个铸造铜器（以兵器为主）的手工作坊遗址，其北半区可能主要是铸造铜器的作坊区，南半区主要是生活区。时代为战国秦汉时期。

三、夜郎之谜

人们对夜郎之谜，进行了无数次艰辛的探索，虽然小有收获，但终不尽人意。特别是夜郎周边的滇文化、楚文化、巴蜀文化、粤文化相继都取得重大进展后，更使关心夜郎的人们心潮难平。

“套头葬”谜思

自20世纪60年代以来，在赫章可乐进行过多次发掘。共发掘墓葬271座，出土文物近2000件。而“套头葬”习俗，引起了人们的密切关注。可乐墓葬密度极大，超乎常人想像。所葬死者普遍持戈佩剑，头戴发钗，耳悬骨环，项挂珠饰，手腕上还佩戴有琳琅满目的铜手镯，他们可能与史书中记载的“椎结之民”有着密切联系。出土文物中，虎耳铜釜、卷云纹首铜剑和铜柄铁剑、舞蹈纹无胡铜戈、四乳丁陶罐、单耳小陶杯、陶瓶等，都具有浓郁的地方特色。

铜釜上的虎耳

据彝文古籍记载，可乐在历史上曾是一个与成都、昆明等城市并称的大城，是贵州彝族默部的政治中心。但在彝族进入可

乐之前，这里是夜郎民族的一个重要聚居点。一般认为，它可能是夜郎的一个旁小邑，也有人认为它就是夜郎的中心。

“套头葬”及这些特殊的墓葬在国内其他地区从未发现过，国外也未见到类似报道，应是夜郎民族所特有的丧葬习俗。这些奇怪的丧葬习俗无疑是一种浓烈的原始宗教信念的反映。从相关的历史记载以及大量人类学资料看，我国古代南方少数民族中，曾广泛流传许多原始宗教习俗，其中祈求祖先和神灵庇护，以及驱凶避邪是最常见的内容。可乐“套头葬”及特殊葬式所反映的原始宗教信念，可能也与此有关。其中实行“套头葬”的死者说不定就是部落中有地位的巫师及首领。

这次发掘出土随葬器物最多的 274 号墓就是一座显赫的“套头葬”墓，随葬器物多达百余件，死者头顶和足部各套一件大铜釜。用于套头的大铜釜尤其引人注目。铜釜铸工精良，外腹安装一对硕大的辫索纹环形耳。最使人称绝的是铜釜肩部铸有一对雄踞釜口之上的猛虎。以这样的大铜釜套头而葬，无论如何都会让你深切感受到一种权威和神力的沉重分量。

夜郎中心何在

夜郎国的中心区域究竟在哪里？这是考古学家们苦苦寻求的一个大课题。司马迁能提供的重要线索只有一条：“夜郎国，在江边上，江有一百多步宽，船只往来自由。”至于江的方位，则仅以 5 字标示：“出番禺城下”（《史记·西南夷列传》）汉代的番禺即今之广州，因而探寻从贵州境内流达广州的重要河流，成为寻找夜郎地域的一大前提。现在多数学者倾向认为今之北盘江，或南盘江，或南、北盘江及两江会合后的红水河即此江。历年来，在与之相关的地域，考古学家们开展了广泛的调查，在兴义、安龙、普安和贞丰等

地，已发现20多个夜郎时期的遗址。在这一带，还陆续出土过一些地方民族特色突出的夜郎时期文物，也许，赫章可乐的考古发掘，连同这些不断累积起来的重要发现，正是最终揭开夜郎文明之谜的前奏。

根据考古发掘的石器、青铜器、铁器等生产工具，佐证《史记》上记载夜郎民族“耕田有邑聚”，说明它已步入锄耕农业。虽然它比同时期的巴蜀、荆楚、岭南地区落后，但却比那些尚处于游牧或半牧半农的民族进步。夜郎与周边地区有贸易交换。无论认为它还处于原始社会末期的军事民主制，还是已进入奴隶社会，甚或其晚期已步入封建社会的门槛，夜郎在西南地区的少数民族中确曾创造了令汉王朝另眼看待的文明。夜郎到底是哪个民族的先民创建的?历来争议最大，至今仍众说纷纭。有人认为最早的夜郎人来自周代的徐淮夷中的谢人。无论认为夜郎的族属是今天仡佬族或彝族或布依族或苗族先民的人，都承认夜郎的民族中有土著和外来的两大类，他们经过长期的冲突融合演进，与今贵州境内

兴义汉墓出土的汉代铜车马

的许多民族都有程度不同的关系。对于神秘的古夜郎国的真实状况，由于汉文献、少数民族文献记载和考古发掘都不能提供使人深信不疑的证据，而唐代诗仙李白流放夜郎途中遇赦时，他所写的那些与夜郎有关的脍炙人口的诗篇，以及李白是否到过夜郎的旷日持久的争论都烘托了夜郎的声名。上述诸多方面的不确定性，更刺激起人们竞相探寻历史奥秘的好奇。

我们期盼着揭秘之时早些到来。

战国时期的人、鸟、鱼纹直内无胡戈。内直双面均饰一人，双臂上各立一鱼鹰，并提着双鱼。为古夜郎国遗物，直口双面均饰有鸟纹和蝉身人面浮雕

第二编 触摸夜郎古国

一、乱世偏安在深山
——春秋战国时的夜郎

夜郎的前身

夜郎是从春秋时代的牂牁发展过来的，牂牁是夜郎的前身，因此，我们从牂牁说起。牂牁国名，最早见于齐桓公时，以当时中原大国为例，从建国到强盛，约需百年左右，边远的邦国进展较慢，当在百年以上。由此推测牂牁国上限，应始于西周中叶。后至战国初，牂牁国衰落，南有南越兴起，占领它的南部中部，以番禺为首邑；北有夜郎国兴起，占领它的北部，以夜郎邑为首邑，贬原牂牁国君及其民族，使居夜郎邑东北的小邑且兰（今福泉周围），并用且兰为其国号，就近接受夜郎国的统驭，于是牂牁大国逐渐缩小成且兰小邦。

迅速崛起

春秋末年，牂牁国衰落，牂牁江上游另一支濮人兴起，占领了牂牁国北部的直属领土，仍以夜郎邑为政治中心，定国号为夜郎。夜郎迅速地扩张势力，东南降服了毋敛国，西边征服了莫等小国，北面越过延江（今乌江）北岸，延伸到蜀国东南，巴国南境，唯独东面的黔中地属楚，夜郎君不敢

侵犯。这样，便形成了战国时期的大夜郎国，它所控制的幅员，占有今天贵州的四分之三，云南的四分之一，广西西北的一部分，四川少许地方，就差今天的贵州东部。

楚顷襄王（一作楚威王，一作楚庄王，不确）时，楚国派遣庄蹻率军西征，庄蹻的大军沿沅水（一说长江）向上游一路杀奔而来，浩浩荡荡，旌旗蔽日，沿途小国降者无数，庄蹻的军队不断壮大，据说后来达几十万众。庄蹻的大军不费吹灰之力，就打下了城池，接着就张贴告示，出榜安民，废除了许多苛捐杂税，一城的老百姓都欢天喜地。当庄蹻的大军继续北上时，老百姓都箪食壶浆，出城犒劳大军。夜郎国君探听到了这些消息，连夜召开众臣会议，商议迎敌守城之策。在会上，众臣你看看我，我看看你，都默不作声。这时一位老臣从列班中缓步走了出来，他是历经三代的朝中元老，夜郎国君称其为君父，向来朝中有什么大事都由他出谋划策。他说，楚国锋芒正胜，我们绝不能够力敌，我们要忍辱负重，暂时投降，这样就能保住祖宗的大好江山，顶多名义上成为楚国的附庸，一朝有机会，我们就反客为主。这一意见为夜郎国君采纳。于是就出现了历史上夜郎国君迎降的一幕。这样，庄蹻兵不血刃，大军开进夜郎，休整了几个月后，又马不停蹄地一直西进到云南。但是这时的秦国也正在对楚国用兵，夺去了楚国的重镇黔中，从而切断了庄蹻大军的后路，由于不能返回，庄蹻便留在了云南，自称国王，下令改换服装，顺从当地的风俗，并把他的亲兵护随派到云南各地镇守，这样，夜郎诸国都在他的控制之下，变为一种半独立状态，这种情况一直延续到秦统一中国时才起变化。

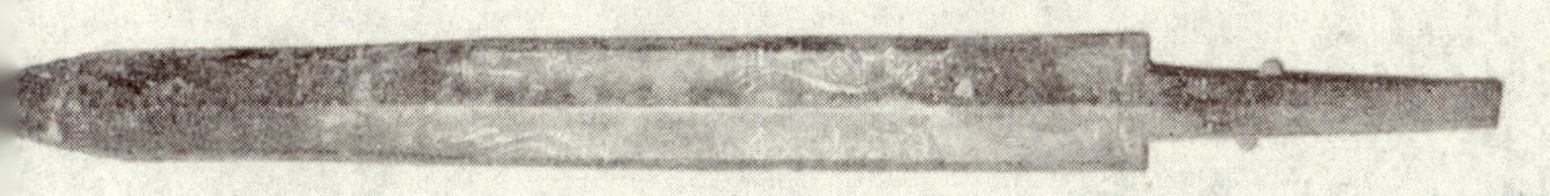

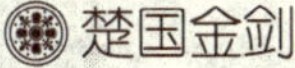
楚国金剑

二、秦时明月汉时关
——秦汉时期的夜郎

秦统一至汉武帝建元六年（公元前 135 年）通西南夷之前，总共 86 年。今贵州绝大部分汉代时是古夜郎国。今贵州的东部，当时则为黔中。

秦国治下

古夜郎国的变化，《史记》、《汉书》记载“秦时略通五尺道，诸此国颇置吏焉，十余岁，秦灭”，都无具体年代。据“十余岁秦灭”推之，应当是紧接着统一而分为三十六郡后，即二十七、八年。置吏的意思是指设置郡县。当时在今天贵州地域的夜郎国境内共设置了且兰、毋敛、夜郎、汉阳等县，另在夜郎东面的黔中地设置了镡成县。这是在秦国打通五尺道后，将夜郎诸国分割以后所设，作为以后开发的据点。对此，文献中未见任何用兵的记载，可见夜郎诸国都惧怕秦的威力而处于臣服状态。后秦随着疆域的扩大设置象郡，夜郎五县划归象郡管理。

夜郎独立

秦二世时，全国大乱，南海尉事赵佗举兵，杀死了秦朝在这里设置的官吏，用他的亲信取而代之。到秦朝灭亡后，

清人所绘司马迁像

赵佗进占了桂林、象郡，自立为南越王，桂林、南海、象郡就不复存在了。此时，原象郡所属地区的土著君长，趁着秦朝政局大乱甚至灭亡的有利时机，各自割据旧时江山复国自立。这时，原属象郡、巴郡、蜀郡的大夜郎国，基本又恢复到战国时的状况，而此时的夜郎势力比以前更加强盛，超过了西面的滇国。夜郎国有力地控制着周围各国，独立于汉之外，成为割据一方的联盟政权，因此《史记》和《汉书》才有“西南夷君长以十数，夜郎最大”的记载。这一状况，一直持续到汉武帝建元六年，才发生了根本的变化。

再并于汉

汉武帝建元六年（公元前 135 年），派遣唐蒙出使南夷，拜见了夜郎侯多同，夜郎侯在汉朝强大的压力下，也采取了当年他的祖先采取的政策，实行自保，这样，双方议定设置官吏。之后，西南夷基本纳入了汉的一统天下，设置了郡县。它的管辖区域包括原来的武陵君、巴郡，后来的犍为郡、牂牁郡。汉武帝设置郡县虽然保留了部分土著首领的领主和国号，但是这没有影响大一统的趋势。

公元前 126 年，公孙弘做御史大夫的时候，当时汉朝在北方设置了朔方郡防御匈奴，东方设置了仓海郡，公孙弘屡次进谏，请求皇帝把主要力量用来防御匈奴，汉武帝经过权衡利弊，认为这一意见有利于维护边境的稳定，就同意了公孙弘的建议，于是“上罢西夷，独置南夷夜郎两县一都尉，

稍令犍为自保就”，这样，夜郎取得了很大的独立自主。公元前 112 年夏，南越王相吕嘉发动了叛乱，汉武帝派遣驰义侯遗率领南夷兵镇压这次叛乱，且兰君害怕参加这次远征，因为如果他远离且兰，他的邻国可能会占据他的土地、抢夺他的人口，所以且兰君拒不服从中央的命令，他也发动了叛乱，杀死了汉朝在且兰的使者和犍为郡的太守。这一情况传到汉廷后，汉武帝大发雷霆，征调了巴、蜀犯了罪的人，并一连派遣了八大校尉，全力镇压且兰君的叛乱，由于且兰君准备仓促，加上汉朝军队占绝对优势，很快攻下了城池。到了汉武帝元鼎六年，汉伏波将军路博德等攻破南越。这时驰义侯遗和八大校尉的军队还没有前去，汉武帝便命令他们征讨西南夷。南夷平定后，汉廷决定设置牂牁郡，这时，夜郎侯入朝，被汉武帝封为夜郎王，并颁发了印绶，让他保留一定的领地。汉武帝元封六年（公元前 110 年）牂牁郡正式建立了，总共管辖了 17 个县，郡的中心在且兰县，夜郎县是都尉的治所。汉武帝任命吴霸做夜郎郡太守，唐通做都尉。汉武帝元封五年，皇帝又设置了十三部刺史督察郡县，这样，犍为郡和牂牁郡直接受到益州刺史的监督。

西汉疆域

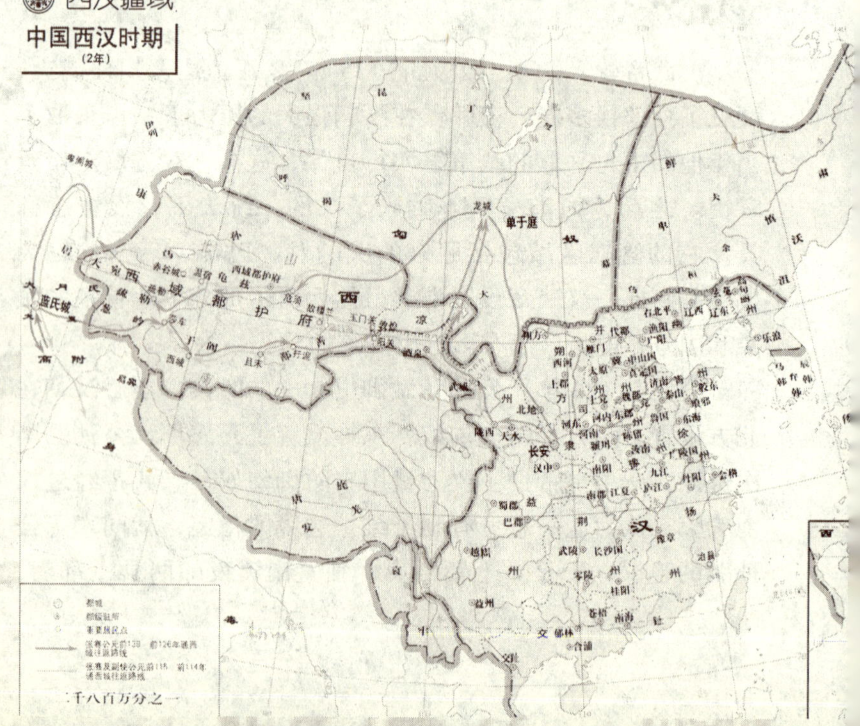

三、夜郎其人

目前所知，记载夜郎的彝文文献不少。一是散见各书，诸如《西南彝志》、《彝族创世志》、《彝族源流》、《六祖纪略》、《十二宗视史》、《格举世系》等文献均有专章或专节记载，或涉史事。二是夜郎史事的专书，有《夜郎史略》、《夜郎史传》和《夜郎悲歌》等文献。

根据《夜郎史传》，夜郎的族源是出于古夷人武部族的武僰一支，始祖是僰阿蒙。夜郎的三世孙夜郎朵开始建国，兴起了君长制，号称“夜郎勾起”。那时约相当于春秋中叶，地点则在滇东北一带。

僰阿蒙八世孙武阿古时，与武古笃部族联姻，居住在太液南岸。武古笃为今彝族阿细一支的先世。太液，江河名，疑是汉文支书记载传说为竹王兴起的豚水。

僰阿蒙十四世孙鄂鲁默一代，君长、臣宰、毕摩三位一体，组成了完整的统治机构。先与弭靡、武濮所二部联姻。后与彝族“六祖”的武、乍二支结合，从此更加强大，扩占四方土地，建都在可乐，时当战国中期。本卷《夜郎创基业》一章，记载武夜郎先攻占周围一些小部族的土地，接着起兵向日出之方，攻占东濮的古诺，继而挥师西向，夺下西濮的可乐，随后又进攻漏卧不胜，撤兵回来建设可乐。在可乐南建八方殿、九层宫，外设九营十八卡。本卷《夜郎君法规》一章，记述夜郎王在可乐发布政治、军法、民法、刑法共二十条。书中记述夜郎王对内集权专制，对外四方攻伐，连年战争不休。今贵州省赫章县妈姑镇，距可乐约十公里，彝语称其地为“夜那妈谷”，意为“夜郎兵营”。书中描述此地当年的“军营广如云层，士兵多如羊群，一天打七十二仗”。说明夜郎国当年是穷兵黩武，战争频繁。

鄂鲁默定都可乐之后，又曾东迁至大革落姆（在今安顺境内）。而在僰阿蒙十九世孙默遮索一代，夜郎王又西迁，与濮旬联姻。相隔五代后的堵土弭，即僰阿蒙的二十四世孙，其驻地是堵土弭谷（在今云南曲靖境）。可能因为堵土弭是一代强君，又一度开辟了夜郎国的新天地，自称“天之骄子”，认为“天下唯我独尊”，被戴上了“夜郎自大”的帽子。

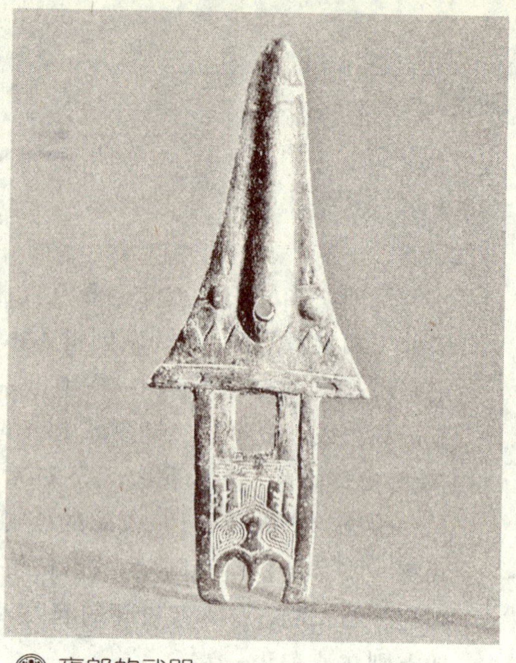

夜郎的武器

僰阿蒙二十七世孙莫邪费，是夜郎国的末代君长。彝谱记载，当年灾星出现，妖怪逞凶，夜郎遭到攻打，政权灭亡。其残余军民迁到啥弭，即滇西地区。然而，夜郎仅是其政权崩溃而已。其后彝族，自称“以诺人”，称其祖代是从贵州去的。川南彝语是“以诺”方言，即保留了古夜郎的彝语方言。

夜郎其人，为彝族谱牒记载僰阿蒙三世孙夜郎朵。以后在人们对其称呼过程中，渐渐地人名变国名，进而人名与国名混称。书中所载的夜郎胞弟堵土，与夜郎性格迥异：一个好战，一个主和，是一对形象鲜明的历史人物。在彝族历史文献中对一些人物和事物的叙述，多是由彝族歌官（毫史是伴随君长办外交的歌师）来传诵或直接记载传世。最常见的记载方式有两种：一种是以谱牒世系为主线，叙述某个或多个家支的发展历史；另一种是以史实为主线，形象生动地描述一段历史事件或几个历史人物。无论哪一种，一般都以史

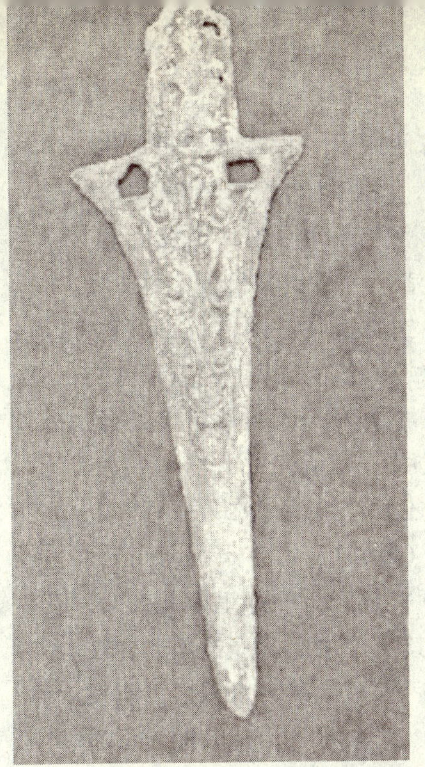

战国至汉代时期的立兽管銎无胡戈。直援无胡，来自滇东北古夜郎国故地，含古滇文化因素，管銎上有两立兽

料为依据，以史实为背景。如《夜郎在可乐》就很明显地体现这两种记载方式。

《夜郎在可乐》一卷中，用文学手笔描绘以可乐为活动中心的夜郎、堵土和漏卧家的阿苦、阿古连年战争，以至最后罢战和亲的情节。先是武夜郎怀着“攘外必先安内”的思想，认为要攻占漏卧的土地，得先把他胞弟夜堵土领有的古诺之地兼并。于是假装有病，派两个差使到古诺通知夜堵土，叫他来可乐探病，想把他骗到可乐后将其杀害，兼并他的领地。却在夜堵土向使者询问其兄病状中识破其阴谋，便杀了二使者，起兵攻下了可乐，擒住武夜郎，数落其罪过，然后把他囚禁起来。夜堵土便掌握夜郎的国家大权，治理得很好。随后，有漏卧家阿苦君长率领军队攻打可乐，夜堵土领兵英勇抵抗，并采取诱敌深入而后围攻的战术，佯败后退，把漏卧兵引进可乐城后，立即反攻围城，俘获其兵将，并活捉漏卧君长阿苦。堵土以礼对待阿苦，释放了他的兵将，治愈他的创伤，归还他的武器，倡导两家和好，不结冤仇。阿苦深受感动，表示以后不再争战了。然而，回到漏卧本国后，阿苦受到了他的妹妹阿古的严厉责备，说他打败仗回来，丢了祖宗的脸面，要求把兵权交给她，再次出兵攻堵土。经多番争执，兄妹决定比武来决定兵权的归属，阿苦比不过，只好让阿古统兵和练兵，又出兵攻打堵土。此次交战，却因堵土一看对方将领是个女子，轻敌麻痹，被阿古攻下可乐，堵土被俘。堵土对阿古不服气，声言要杀便杀，决不认输。只要求

不要杀害他的士兵和民众。阿古便说：“你释放我哥一次，我要释放你一回，两家互不欠账，我们各自振军再战，比个输赢。”阿古放了堵土和他的兵将，班师回国，庆祝胜利，而后秣马厉兵，再次进攻可乐。堵土今番更加警惕，认真备战，严阵以待，最后战败阿古，把她擒住。阿古仍不服输，提出与堵土比武，若再比输了愿终身沦为奴隶。经过阿古与堵土比武三番，仍然比输，阿古才服气，愿听从堵土处置。堵土却以礼相待，使阿古心悦诚服，表示拥护堵土的主张。并向堵土提出释放其兄武夜郎，还君位给他。二人成婚，离开可乐，经鲁勾（毕节）、博乍（大方）、古宗（黔西），到古诺（贵阳），转大革落姆（安顺）定居，在那里生儿育女，终其天年。书中又说武夜郎在复其君位之后，痛改前非，在可乐选贤任能，认真治理其国。后来，他认为可乐再没有发展前途了，于是在黔西北、黔中、滇东北、川南各地建设城池。这些城池分布在古夜郎地区。

在《夜郎史传》第三卷中，还记述了夜郎属于彝族先民武部族。在春秋末年分支，形成武、乍、糯、恒、布、默六个支系，其为首的武，一般称为“后武”；而“六祖”以前分支的武，称为“前武”。武夜郎是源于前武而与后武结合的。本卷所记的彝族先民武部各支系，均为谱系记载武楚后裔与“六祖”中武、乍结合而成的一些支系。其他如武陀尼，即汉文献所载古青衣国

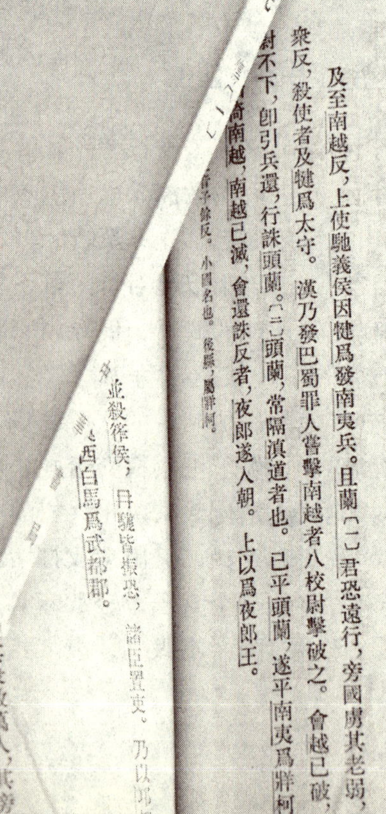
〔二〕集解徐廣曰：[illegible]
〔三〕集解如淳曰：「爲昆明所閉道。」正義昆明在今巂州南，昆縣是也。
滇王與漢使者言曰：「漢孰與我大？」及夜郎侯亦然。以道不通故，各自以爲一
不知漢廣大。使者還，因盛言滇大國，足事親附。天子注意焉。
及至南越反，上使馳義侯因犍爲發南夷兵。且蘭〔一〕君恐遠行，旁國虜其老弱，
衆反，殺使者及犍爲太守。漢乃發巴蜀罪人嘗擊南越者八校尉擊破之。會越已破，
尉不下，即引兵還，行誅頭蘭。〔二〕頭蘭，常隔滇道者也。已平頭蘭，遂平南夷爲牂柯
[illegible]南越，南越已滅，會還誅反者，夜郎遂入朝。上以爲夜郎王。
[illegible]音子餘反。小國名也。[illegible]縣，屬牂柯。
[illegible]殺筰侯，冉駹皆振恐，請臣置吏。乃以邛[illegible]
[illegible]西白馬爲武都郡。
其衆數萬人，其旁[illegible]

史记中关于夜郎的记载

的地址宜宾。汉文献中所载的滇王，即彝文献中所载的武德本，彝语称之为“德本武母”，意为“德本皇帝”。今昆明郊区有些彝族是武德本的后裔。武陀尼、武德本和其他一些武支系，与夜郎“同武不同支”。要把夜郎研究深入下去，必须把汉文文献、考古学和彝文文献三方面的资料结合起来运用。偏重一方面，或者忽视一方面，要把夜郎研究搞清楚都是不可能的。因此，在进行夜郎考古发掘、整理汉文夜郎资料的同时，也应对彝文夜郎资料进行系统的整理和翻译。关于武夜郎及武部支系的活动，各地彝文古籍均有记载，只有各书记载的侧重点不一，详略不同而已。

四、折樽冲俎自得全
——夜郎古国外交

全面外交

夜郎的直辖领地，虽然只有今天贵州的西部，但是加上受其影响控制的各个“旁小邑”一起，东面控制了且兰，到达今天贵州福泉、黄平以东；南面影响到句町，势力达到广西百色、凌云；西面影响了漏卧，势力到达滇东，南面从曲靖经师宗、罗平，到达河口一线；北面控制敝邑，势力达到今天川南的犍为、宜宾一带。在这广大的地域上，夜郎濮人很早就与邻近地区有了经济、文化联系，古夜郎国对外关系十分频繁。

近年来贵州南部的一些专门县区，采集到一批磨石器，其中的石斧等以及几何印纹陶片，与东南沿海各省市出土的新石器时代的同类器物极为相似。在我国南方地区，包括广东、广西、福建、江西、台湾，以及江苏、浙江和贵州的一些地方，都发现了以几何印纹陶器为其特征的文化。另外，贵州西部各县收集和发掘的青铜器，如靴形铜钺，装饰着翔鹭，还有羽人竞渡纹的铜鼓，与滇文化的风格极为相似；而黔西北一带收集和出土的青铜饕餮纹无胡铜戈，又是殷商典型器形和纹饰的变种；这一带地区出土的柳叶形铜剑，又属于巴蜀文化的系统。这些资料生动地说明，夜郎濮人地区从新石器以来到春秋、战国时代，就与邻近地区、邻近国家以

至中原有了比较频繁的经济文化联系。大体说来，今天黔西北一带受巴蜀、滇以及中原文化的影响较多，而黔南至黔西南则与古代百越各部的关系比较密切。

夜郎与蜀国

自夜郎北部，沿着岷江北上，直到成都，这是自古以来从蜀入黔的通道。战国初期，蜀王杜宇称帝，杜宇称帝后，连年征伐，取得了大片的土地。杜宇是历史上非常有作为的一个国君，蜀国不断拓展疆域，打到了夜郎一带，“以南中为园苑”，大约夜郎濮人活动的部分地区的今天黔西北一带，就被纳入蜀国的势力范围。到了战国晚年，公元前 316 年，秦惠文王派将军司马错灭亡了蜀国和巴国，接着又命蜀郡守张若夺取了蜀江南边的土地，可能将上述原被蜀控制的夜郎活动的北部地区纳入了秦国版图。在蜀、秦的先后统治下，今天黔西北的夜郎地区成为沟通川蜀和两广的通道。在受到秦蜀侵扰的情况下，古夜郎国生活在两大国的强大的经济政

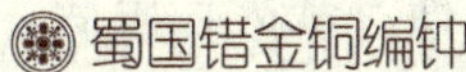
蜀国错金铜编钟

治军事的压力之下，举步维艰，夜郎国为摆脱困境，积极开展了形式多样的外交活动。主要是通过和这些国家的经济文化往来加强自己的实力。当时蜀国商贾通过这条通道到夜郎来做生意，并将蜀铁及其他土产，贩运到夜郎政治中心地带。这样，夜郎成为联系蜀、粤商业贸易的中转站。

夜郎与楚国

古夜郎国也和东面的楚国建立了广泛的关系。夜郎国为楚国打通了与周边国家的关系。今天贵州中部一带就是当时楚印交通的要道，所以从今天的黔东北楚地一线，最晚在战国时已经开通。到了公元前 280 年以后，秦国从巴蜀准备沿长江攻打楚国，双方在枳一带展开了反复争夺，战争长达六七年，楚国为配合今川东正面一线的战争，顷襄王时派将军庄蹻率领一支军队，“循江上，略巴、黔中以西”，后又进至滇国。等到在滇池称王，并对夜郎等地“分侯支党”时，为了缓和当地濮人的隔阂，遂“变服从其俗以长之”，从而在夜郎和滇一带形成了居民混合居住的局面。楚灭亡以后，

楚国铜编镈

楚国彩绘射猎图，漆瑟残片

楚国的汉人和少数民族大量进入夜郎，带来了楚国先进的生产技术和文化，这些对夜郎无疑产生了深远的影响。

夜郎与滇国

夜郎和滇国也建立了广泛的关系。滇国是一个古老的民族共同体，当地土著和外来民族共同开发了这一地区，庄蹻治滇后，滇国进入了强盛期。夜郎和滇国不仅领土相邻，两国的民族也是骨肉相亲。滇国统治下的七个少数民族中有四个是彝族先民，而夜郎民族中的彝族先民也是夜郎的主体民族之一。

夜郎与南越

夜郎和南越关系密切。南越是古代百越民族中的一部

分，与夜郎有关系的是南越西部地区的西瓯、骆越等。公元前 221 年秦统一六国，并征服岭南，设置郡县，迁徙民 50 万与越人杂居。其中象郡就包括今贵州、广东和广西的很多地区，因此，夜郎和越人的交往十分密切。由于水利交通的便利，民族的交往和迁徙也属自然。贵州境内的水、布依、壮、侗等民族就是百越民族中的一部分，至今仍保留了百越民族的许多习俗。

夜郎除了和巴、蜀、滇、楚、南越等较大的方国关系密切外，还和且兰、句町、漏卧等中小国家有密切往来。在夜郎存在的 200 年中，这些众多的方国时有分合、消长，就是在汉兴以后相对较稳定的较长时期内，这种分和、消长也从未停止。正因为这样，这些不同称谓、不同民族、不同文化的交流和融合，无疑会影响到夜郎的民族构成、民族关系、经济社会发展和文化的构成。

百越文化人物纹靴形铜钺

五、夜郎主体民族构成源与流

夜郎是贵州古代的一个不完备的奴隶制国家。关于夜郎的疆域、族属等，学界都进行过很多论述。在族属方面，“布依族”说、“仡佬族”说、“苗族”说以及“彝族”说等都出现了。

竹王神话

这里有一个美丽的传说。传说在汉武帝时，在中国西南夷一带出现了一位英明神武的竹王，他是一位英俊潇洒的竹神，因为犯了天命，被贬到遁水中镇守，天神令他找有缘人投胎。一天，一位年轻貌美的女子到水边洗衣服，竹王在水中看得真切，知道他的有缘人已经出现。于是他就变了原形，变成三节竹子流到这个女子的脚边。这个年轻女子很奇怪无缘无故出现了竹片，也不理会，继续低头洗自己的衣服。忽然她听到了孩子的哭叫声，这声音离她非常近，她抬起头来，明亮的眼睛左顾右盼，没有看见什么人，她起初还认为自己听

竹王传说与夜郎故地多竹有关

错了呢，哪知她刚一低头，那声音又叫了起来，这声音是如此稚嫩。她仔细寻找，终于发现原来声音来自竹片。于是，她用手把竹子掰了开来，一个又白又胖的男孩从里面掉了出来，说也奇怪，这孩子一见了这女子就不哭了，年轻女子很高兴，就把这个男婴抱回家里抚养。冬去春来，18个春秋过去了，原来的男婴如今长成了一个相貌堂堂、仪表不俗的英武少年，文武兼备。不久，他就凭借他的文才武功，干了一番经天纬地的大事，他把当时夜郎一带统一在自己的麾下，自封为夜郎侯，并以竹作为自己的姓氏。后来汉武帝平定了西南夷，在这里设置了牂牁郡，这时夜郎侯看到汉朝的强大，为使自己的子民免受涂炭之苦，他投降了汉军统帅唐蒙。然而，唐蒙害怕他造反，就秘密地把他杀害了，这件事传出来之后，生活在这里的夷僚人都很怨恨汉军。为了平息民愤，汉武帝把夜郎侯的第三个儿子封为侯，他在位期间为这一方的百姓办了很多好事，在他死后，人们要求给他们父子立祠纪念。汉朝遵从了民意，建立了竹王三郎神庙来祭祀，竹王神的故事就这样在民间流传了开来。

各族神话

1.壮族说

这个夜郎王与竹的传说，说明“夜郎”与竹子有关，夜郎王即竹王。由于夜郎国接壤于滇国，而滇国乃“靡莫之属”，“靡莫”语音为越人之一的壮族“母、父”的称呼。而壮族称德高望重的老人为“夜嵩”，“夜”则为老人，“嵩”则为“白胡子”，引申为德高望众者。那么壮语的“夜郎”中“夜”可以解释为老人，可引申为酋长；“郎”可以解释竹笋。“夜郎”合起来解释就是老人竹笋或酋长竹笋。其词序属倒装句，这正是百越后裔之一壮族的语法特点。壮人是多神崇拜的民族，其祖先崇拜一直延续到现代，至今壮

族地区仍有老人厅，就是壮族祖先崇拜的继续。

2.布依族说

从这一点来说，壮族可以说是夜郎的后裔了，不过别忙，竹王的传说还和别的记载联系在一起了。据晋代常豫《华阳国志·南中志》以及《水经传》、《后汉书》在记载“竹王”传说的同时又说：“夜郎县郡治，有退水通郁竹，有竹王三郎词，甚有灵响也。”据考证，退水就是现在布依族人聚居的北盘江，北盘江两岸至今竹林茂盛，至今在这里布依、壮、侗语系一些民族中还流传“竹生竹王”，竹里能孕育“神兵神马”的传说，并将竹作为民族的图腾和部族的标志与象征，说明他们曾源于共同的先祖。

3.仡佬族说

这么一来，布依族和侗族也是脱不了干系的了。可是，仡佬族呢？这个被别的民族称为“古族”或“古老户”民族，古时被称做濮人、僚人。殷商之际，主要活动在西南和中南广大地区，《汉书》、《华阳国志》、《水经注》记载，夜郎的主体先民就是濮人、僚人，在战国时便建立了夜郎、

皇清职贡图中仡佬族

且兰等一些小的独立邦国。这又该怎么说呢？莫非现在全国才只有大约 43 万人口的仡佬族在古夜郎国的时候属于少数的贵族？就相当于清朝中的满族一样？

4.彝族说

但这又不对了，著名的贵州“可乐墓葬群”的出土地可乐，被认为是古夜郎国的中心，可是“可乐”这个词汇是彝文，彝文古籍称为“柯洛倮姆”，意为“中央大城”，而且今天杂居可乐的彝、苗、布依等少数民族中，彝族人最多。这又该如何解释呢？

这里引用一位仡佬族人的看法，据他所说，仡佬族与其他西南少数民族一样虽是一个民族但自己内部也有划分，如苗族自己分为“黑苗”、“白苗”、“包帕苗”等，仡佬族内部也分为“青仡佬”、“红仡佬”、“黄牛仡佬”、“水牛仡

皇清职贡图中的彝族

佬”等。现在人口少得可怜的仡佬族在清前期在湘西还有大量族群生存，贵州更是“无地无之”。但随着频繁的迁徙和内部急剧分化，绝大多数被汉、彝、苗、布依等邻族同化了——西南少数民族的发展变迁到现在还没有结束，民族的划分哪里是政府所划定的那么简单呢？

于是，看起来复杂的问题变得明朗了。史料记载最早建立夜郎国的是仡佬人，但正如所有国家都不是由单一民族组成的一样，其他民族如南方的“越”，北方的“华”、“羌”、“蜀”，东方的“苗”等古民族都有可能是夜郎国的国民，何况夜郎国在300年的历史当中不停地扩张，成为西南诸国中疆域最大的国家，其他民族的加入就不可避免，甚至到鼎盛的时候，仡佬族已经不是夜郎国的主体民族也说不定。之后，随着夜郎国的灭亡，仡佬族的分化迁徙，原来夜郎国属地的主体居民也就变为其他民族了。

仡佬族是夜郎国的正式后裔，但彝、壮、布依、侗的民族要说自己是夜郎后裔也没什么不对，就如汉人是中国人，蒙古、满、回等民族也都是中国人一样。

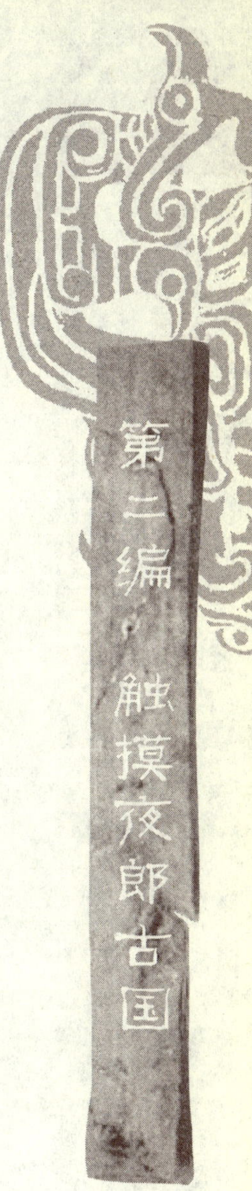

六、废都斜阳
——寻找夜郎古国国都

竹王神话的启示

竹王城位于福泉县杨老驿，距县城 23 公里，这里河水萦回，竹树畅茂，民间流传着竹王的传说，不过我们抛开传说，仔细想想，对这一传说的印象就能更加深刻了，一是竹王虽然是 2000 年前西南夷地区的一代夜郎王侯，但却因为他是西南夷君国中最大的王侯，因此，在这一地区的影响也

杨老驿竹王城

最大，以至于在他被诛杀后，其影响波及巴蜀、滇、南越和楚。二是夜郎本来就是一个多民族的融合体，其民族成分有古代的濮人、越人、羌人、楚人、蜀人和巴人，与其周围各国的民族存在着血缘上的近亲关系。三是西南夷虽然还处于封闭状态，但这只是相对于中原地区而言。西南夷地区各民族间在政治、经济、文化方面的交流从来都是频繁的。四是竹王的传说虽然带有神秘的神话色彩，但他在夜郎国及其所控制的各个小国中有较高的威望，这确是历史的真实，要不然，汉王朝通西南夷为什么如此重视夜郎？竹王被诛后，又为什么还要封其子为夜郎侯，甚至建立了夜郎竹王祠？正因为竹王个人的威望和汉王朝对他和他的传人的重视，在民间才自然将其神化了。因此，本来和竹王关系不大的巴蜀、滇、南越和楚也奉其为神，甚至建立庙宇，顶礼膜拜。这可以看做是古代民族文化交流、融合的成功范例。

沧桑竹王城

关于夜郎中心在福泉，《华阳国志》记载，公元前 111 年，夜郎国国王是兴，兴又自称“竹王”。根据《华阳国志》等史书的记载，竹王的国都坐落在福泉市杨老驿东半里的小山上。1985 年出版的《贵州省重点文物保护单位》一书中，将竹王城的形成年代标为“汉代”，这与史料记载相吻合。

清光绪二十八年（1903 年），废弃的竹王城，离杨老驿东面有半里之遥。这里，正是今福泉市东 23 公里的凤山镇杨老村对面山上古城遗址。民国十五年（1926 年），周西成任贵州省主席时，改保为乡，在竹王城故址建立了竹王乡。现在，竹王城有东门口、衙门边、老城头、河坎边等四个居民组。过去的殿宇、古宅遗址多已拓为耕地，但昔日房屋基坎、石料、残垣及瓦砾尚斑驳可见。竹王城城墙系用青条石

垒砌而成，宽敞壮观。城内有石板铺成的大道通往四门，可惜南、西、北三个城门已毁，仅存东南一段城墙和东门尚属完整。竹王城遗址，1985 年被列为省级重点文物保护单位，2001 年被列为国家重点文物保护单位。

第三编
夜郎国的社会经济和文化

一、夜郎国的社会经济

夜郎国社会经济的特点，是牧业、农业和手工业紧密结合。牧业占主导地位，手工业具有较高水平，丝绸纺织、冶炼和兵器制造占有突出地位。不仅产业进行分工，且有行业分工，生产者以部系族支组织。在最高统治集团中，有专门分管产业行业生产的君、臣和匠。

在夜郎社会经济中，手工业相当发达。主要是丝绸纺织、打铜炼铁、制造兵器，制造兵器在夜郎社会经济中具有头等重要的作用。在娄沽卧甸的丝绸，白绸上面织有鹤像，黄绸上面织有鹃像，青绸上面织有鹰像，总共织成八种绸。到处设有织坊，什绸染成青色，索绸染成红色。君王用白绸，臣则只能用黄绸。君王用白绸号令，臣则用黄绸行令。绸还会织成白、黄、青、黑、红、绿等七种颜色。

夜郎国打铜炼铁，除了制造铜鼓、铜釜、铁锅、用具及装饰品外，大量的是用来制造弓、箭、矛、剑、刀等兵器。在恒米戛娄的铜矿山上，铜矿铜砂像大岩一样多，匠人设炉

春秋战国时期的猎头纹颈一字格剑（局部）。出自滇东北古夜郎国故地。长直刃，有脊隐起，剑首为铜鼓形，剑颈双面均饰有浮雕巫师手提人首纹

炼铜。武夜郎用铜作战，用铜塑像，用铜制鼓，用铜制钟，还用铜制印信，以及用铜作柱。有诸备矛、纪柔矛、米利直矛、资惹矛、迫笃矛、大叟射矛、赫厄矛、赫能矛和赫暑改矛等九种。矛头有鹰像，矛杆有虎纹。恩氏盾有吐陡盾、吉陡盾、侯陡盾、大陡盾、阻陡盾、堕陡盾、弥陡盾等八种。恩氏盾是制造来给武夜郎用的。兴夜郎造银弓，造铜箭，造铁刀，用以武装自己的兵将。夜郎的鲁德阿仆部系，继续造弓箭，还制造铜盔、大刀和小刀。夜郎在战争中，抢了不少战败者的兵器；当其吃败仗后，武器也被抢走。撒骂夜郎时，陋卧部系的侯阿武部系君长，在鲁勾就抢走了夜郎的大量兵器。

夜郎的社会经济在产业和行业上都有较为明确的分工。产业和行业都由专门的人生产和经营。这种分工是在男女分工的基础上，作为部系进行分工。生产和经营畜牧业者为走诺，生产和经营农业的为得果，生产和经营手工业的为芶葛。走诺、得果、芶葛都是整体的部系，如濮古部系，作牧耕，作百业工匠，尼濮所部系专门种稻谷。他们的第一代生产和经营有名的祖先，如芶阿娄、葛阿德，被后世奉为祖师，也用来作为自己部系的名字。

侗族织布

行业生产和经营，主要是手工业，生产工匠为各个不同的部系。如武陀尼部系植桑养蚕织绸，阿尼部系制造竹器，阿古部系制造琴，艾黎部系烧制陶器，恒吉部系制造弓箭，

拉颖部系造甲，恩部系、阿叉部系制造盾，若部系制造矛，武古驾部系、阿德部系制造铜鼓，阿武部系制造擀毡。芶葛的遗裔那勾和果普虽基本上从事农业生产，但仍旧结合农业生产铸铧和经营竹编业。

在夜郎的社会经济中，不仅产业、行业分工，有专门的生产和经营的生产者和工匠，而且有专门分管产业和行业的君长。兴夜郎时，有一个君长专管牛羊的生产和经营，有一个君长专管弓的制造，有一个君长专管箭的制造。到了撒骂夜郎时代，为了战争的需要，仅弓箭兵器的生产都有 5 个君长来管理。牧业、农业和手工业，都各有专管的君长。

由于夜郎国生产经营中有明确的专业分工，他们积累了丰富的经验，创造和发明了各种各样的专业技术。在猎、牧方面，对野生动物的习性、分布、用途以及如何保护和猎取，都有专门的方法和技术。对于家畜、家禽，根据不同的习性，有各种不同的饲养方法和技术。如对马的饲养和使用，不仅有良好的骑术，而且有养马、驯马和相马的经验、方法和技术。如相马，以马的不同毛色、身高、体短、脚现筋脉、蹄圆、头昂尾翘、口鼻湿润、眼大有神、耳竖灵活等，评定马的优劣及用途。

在医药方面，以鹰、蛇、猴、鱼等动物的胆泡制成剂治

夜郎故地的耕作文明

病。根据药物生长的地带不同，功效不同，季节不同，根、茎、叶、花、果的药效不同；同一季节，植物各部位的入药不同。根据季节和气候的变化，人体也随着变化，生病有表、里、虚、实、冷、热、轻、重、缓、急等的不同；诊断、治疗、用药也随之而不同。

在农业和手工业方面，农耕、养殖、林木、冶炼、纺织等方面，都有专门的经验、方法和技术。如如何种植荞、麦、水稻、茶、桑、林木，以及如何将荞、麦、水稻、茶、桑、林木进行加工成可食、可饮、可用之物的方法和技术。如何开采、冶炼铜、铁、锡矿，并将之制成各种器物的方法和技术。特别是铸制铜鼓、编钟，如何取材、配料及浇铸的方法和技术，具有相当高的水平。

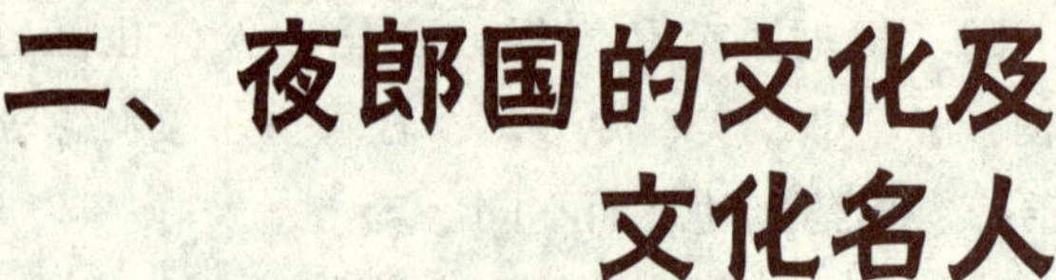

二、夜郎国的文化及文化名人

夜郎传承了“天火文化”、“地水文化”和“人文文化”。将史楚、特蒙乍木和举奢哲的舍额论、以补论、姆普论、动变论、数变论和质变论等基本理论为指导，宏扬和发展了与生产和生活有关的礼俗文化，宗教和丧葬祭祀及婚姻婚礼的礼仪文化，特别是宗教和丧葬祭祀的制度文化。

夜郎的“先知先哲”们通过对星体的运行、气候变化、鸟兽的动静的观察、量度、计算，制订了一整套严密的天文历法。历法分为龙、虎、风三种。龙历以冬至日在奎宿一度为始纪，虎历也以冬至日在奎宿一度为始纪。但前者是以“数道”为坐标，正（顺时针）方向推算；后者是“色道”为坐标，逆（逆时针）方向推算。风历的坐标和推算与虎历相同，但冬至日在奎宿一度为妃纪是以四鸟（青鸟、率鸟、丹鸟、伯迟）中的青鸟的头向下为标志。

在创造夜郎文化的过程中，涌现出了无数的历史名人。只可惜夜郎民族无文字，没能用文字将众多精神文明创造者的辉煌事迹记录在案，以至于我们对夜郎出土的器物上的符号感到扑朔迷离。今天，我们追寻夜郎文化的创造者，只能从浩如烟海的汉民族文献和地方志中去搜寻有关夜郎文化人的蛛丝马迹。汉时，夜郎地区曾出现了盛览、尹珍等著名学者，他们对夜郎地区学术文化的传播和振兴，都作出了卓越的贡献。

盛览字长通，西汉时牂牁郡人。牂牁郡是公元前110年汉武帝开辟西南地区后，设置的一个地方行政单位，主要管辖范围在今日贵州省境内。当时，全国著名才子、大辞赋家

司马相如奉命出使西南，到达牂牁地区，盛览仰慕他的大名，便前往拜望。二人在探讨辞赋的写作方法时，司马相如谈他的体会说：“合纂组以成文，列锦绣而为质。一经一纬，一宫一商，此赋之迹也。赋家之心，包括宇宙，总览人物。斯乃得之于内，不可得而传。”这段话说明作赋要有组织，有内容；组织要完备，内容要丰美。其中的一字一句，都是构成赋的要素。写赋的人，思路应该开阔，既要想到自然世界，又要放眼人类社会。这一道理需要作者自己反复实践、体会，才能真正掌握，不是靠别人介绍一下，便可以学会运用的。司马相如对赋的性质和体制，说得极其精当，给了盛览以很大启示，经过他勤学苦练，终于写成了《合组歌》、《列锦赋》等文彩焕发、技巧亦佳的作品。之后，又返回家乡传授自己广博的知识，为开创和发展贵州文化教育事业，作出了巨大的贡献。

尹珍，字道真，东汉事毋敛县人。毋敛县属牂牁郡管辖，也在今日贵州境内。东汉桓帝时（公元 147~167 年），尹珍自感生长在边陲之地，无法深造，就千里迢迢到中原一

金氏家谱

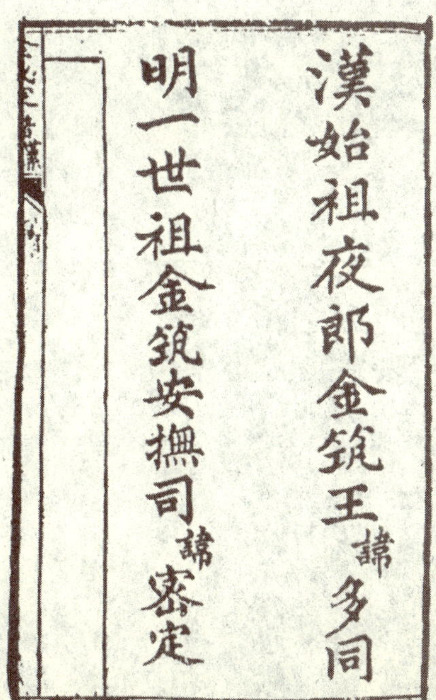
漢始祖夜郎金筑王 諱多同

明一世祖金筑安撫司 諱密定

带求学。他首先以古文经学大师许慎为师，学习“五经”，后又以汝南名士应奉为师，向他学习“图纬”。经过他刻苦的学习和钻研，在经术方面有了高深的造诣，因此被选拔任用为尚书函郎和荆州刺史。这时，他的老师应奉也做了司隶校尉。他们师生二人一同显赫扬名，成为当时的著名人物。

尹珍怀着热爱乡土的强烈观念返乡后，专门从事教学工作。《华阳国志》说，他“还以教授，于是南域始有学焉”。他讲学的地方较多，影响很大，为当时负有盛名的教育家。早在唐朝，就有崔对他表示敬意，在绥阳县旺草坝为他立了一块讲堂碑，颂扬他的功绩。民国年间，地方政府又将原属正安县管辖的部分地方单独划出，另设一县，以他的字命名为“道真县”。迄今，正安县新州区仍然保存着他当年讲学的“务本堂”。堂内供着写有“汉儒尹道真先生之神位”的石牌，堂后据说还有埋他的坟墓。

三、夜郎天外怨离居
——李白在夜郎

夜郎城址位于现在的夜郎坝，夜郎坝是个山峦四围的小盆地，盆地西面山坡台地上有条小街，住着100多户人家，人称夜郎坝场。坝场不大，街道呈曲尺形。街道两旁的房屋多为木瓦结构的一楼一底的檐楼房，虽间隔建有几间青砖水泥结构的现代楼房，但当年古色古香的景象犹存。围绕在坝场周围的是一条碧水清溪，溪岸绿树成阴，鸟鸣花香。坝场背后是一个小山堡，叫华尖山，草木茂盛。场口有一棵千年黄桷巨树，枝干苍劲，枝繁叶茂，宛如一把巨伞掩映着数十级青石板梯路，显现出古老的风韵。

贵州省桐梓县“夜郎城”门楼

李白

据民间传说，西汉时的夜郎竹王有七个儿子，从竹大郎到竹七郎，大郎、二郎、三郎的封地就在今福泉县的杨老驿，所以那里有竹王城，城内有二郎庙，三郎庙，黄丝又有竹王祠。竹七郎则到了今桐梓地方，夜郎坝就是他和他的后代开发建设起来的，因此，桐梓县城东南的牛心山下有竹王坟，县境内还有几处七王墓和竹王墓。

桐梓夜郎坝之所以显赫，一方面是由于夜郎的称谓沿用时间很长，而且它和古夜郎国竹王的传说有家族血缘关系。另一方面，它还与唐代诗仙李白获罪流放夜郎的传说不谋而合。夜郎城内的人文景观比较丰富，唐代大诗人李白曾被流放到这里，留下了众多诗句，人们为了纪念他，还为他立碑、立墓。现在夜郎坝场周围的许多古迹，都是由此而来的。

李白（701~762 年），唐大诗人。字太白，号青莲居士。祖籍陇西成纪（今甘肃秦安东），隋末其先人流离碎叶（今巴尔喀什湖南面的楚河流域），他就出生在这里。幼时随父亲迁居绵州昌隆（今四川江油县）青莲乡。少年就显露出了非凡的才华，吟诗作赋，博学广览，行侠仗义。从 25 岁起李白离开了四川，长期在各地漫游，对社会生活的体验越来越多。这段时间他曾经受到吴钧等人的推荐，在天宝初年在翰林里当了几年差。但在政治上不受重视。又受到权贵的谗毁，所以还不到一年他就离开了长安，政治抱负没有实现，使他对当时政治腐败有了很深的认识。天宝三年，他在洛阳和诗人杜甫结成了至交好交。安史之乱时，李白怀着平乱的

志愿，曾经做过永王的幕僚，永王失败后，他也受到了牵连，被流放到了夜郎。当时诗人正陷于“世人皆欲杀”（杜甫《不见》）的危险处境之中，以至杜甫还误信了流言写诗寄托沉痛的哀思。李白怀着沉痛的心情，沿着长江西上，在去夜郎的途中，李白写下了很多伤感的诗篇，蕴藏着诗人心中无限的沉痛，也寄予了他对家乡的无限思念。李白在夜郎的诗篇都收集在《李太白集》里。现摘录其中两篇以飨读者：

南流夜郎寄内

夜郎天外怨离居，
明月楼中音信疏。
北雁春归看欲尽，
南来不得豫章书。

闻王昌龄左迁龙标遥有此寄

杨花落尽子规啼，
闻到龙标过五溪。
我寄愁心与明月，
随君直到夜郎西。

李白斗酒诗百篇

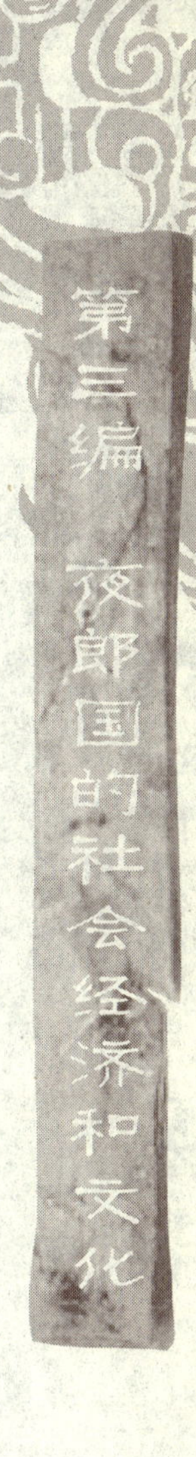

四、宗教巫术习俗

火崇拜

夜郎人视火为有灵之物，因此，他们把家中的火塘看成是神圣不可侵犯的。火塘象征光明，火塘代表祖宗，生死婚嫁等许多民俗活动都离不开火塘，他们对火的崇拜，已经达到了无以复加的地步。但在对火崇拜的同时，由于火也会给人们带来灾难，因此，又产生了对火的恐惧。他们认为火灾是因为火星这个妖魔引来的，于是产生了对付火灾的办法——扫火星。

火葬

对火的崇拜，从文献中虽然找不到只言片语，但从考古资料上却可以发现很多踪迹。铜鼓山遗址所处地理位置，是一座孤峰，四周是较平缓的开阔地，开阔地外仅西南面是一槽形地带直达青山镇，东南面为一低洼的水塘。可以想象，2000 年前的铜鼓山周围一带必然是莽莽森林，东南面本是一片

低洼的水塘，若遇洪水，水塘与河流连成一片，铜鼓山就成了汪洋中的一座孤岛。要开辟一处长期与火为伍的冶铸和制陶工厂，自然要考虑对火的防范，于是铜鼓山的先民可能经过对“火神”的占卜和观风水，选中了与周围森林隔绝的铜鼓山。这种选址，对环境的保护意识可以看做是一种模糊的观念，它是建立在对火的崇拜和对“火神”产生的宗教意识之上。

⊛ 套头葬

赫章可乐墓葬中的套头葬，除一处选用铜鼓套头外，其余20多处都是铜釜套头。这种套头有深层的文化内涵，根据文献记载，古代僚人能“铸铜为器”。这种铜器大口宽腹，名“铜爨”。如果我们对照赫章可乐套头葬所用的铜器，会发现绝大部分都是铜釜，都是喇叭口、束颈、鼓腹、小平底，与僚人形制一样，这种铜釜实际就是文献中所提的铜爨。爨有两种含意：一是“烧火做饭”，二是“灶”。这么一来，我们就不难看出行可乐套头葬的民族，他们对灶的崇拜意识之深。对灶的崇拜就是对火塘、对火的崇拜，这种崇拜由夜郎民族一直传承

⊛ 在寺庙前的祈愿木幡

到后来世居贵州的各个少数民族之中。

铁器老者

在夜郎，瑶族认为凡因刀斧或其他金属器械造成的人身伤亡，都是鬼魅作祟，这种鬼用汉语意译出来叫“铁器老者”，凡人有遭到刀、枪等的伤害，就必须禳解铁器老者，届时，全寨或全家族都不许动用任何铁器。

瑶族驱逐铜器老者的习俗，虽然不能直接说明夜郎民族的宗教崇拜及巫术的具体内涵，但从夜郎地域发现如此众多并非墓葬出土的青铜器来看，是否是类似驱逐铁器老者的巫术仪式，有意留置在一个特点场合的遗物呢？根据考古资料，在夜郎地区征集到铜钺、铜戈、铜剑等青铜兵器，器形都很完整，并非残损无用之物，另外，铜器都具有夜郎青铜文化特点，而相比贵州汉墓中出土的具有汉民族风格的大小器物，属墓葬之外出土的可说是凤毛麟角。不难看出，前者绝非大意失落而遗留，它们必定是人们为了某种目的而留下的。这种有意识的遗留，我们恐怕只能用宗教、巫术、祭祀等来解释了。

战士使用的铜臂甲

竹卦占卜

夜郎人占卜吉凶祸福或对某一事项占卜其未知因素，形

式很多，所用占卜的器械也各不相同，我们选择竹卦占卜这一对竹有着较深信赖的方式做一介绍，可以看出其与夜郎文化的微妙关系。竹卦占卜主要流行在苗、布依、侗、水等民族中，所用器械是相同大小的两块竹板，一般长 3 寸，宽 1 寸左右。占卜时，以竹板抛于地下所呈的正反情况预测吉凶。

关于竹王的故事，虽属民间传说，也可以反映夜郎民族对竹的崇拜，这种崇拜又传袭到夜郎后裔的各个民族之中。除了仡佬族和彝族对竹的崇拜，贵州许多少数民族都保留了竹卦占卜。在他们的意识中，竹卦已不是两块普通的竹片，而是有灵之物，是人和鬼神之间互相沟通的信使。因此，竹卦平时是不轻易拿取和示人的，多是放在神龛和房梁之上，其地位与祖宗不分高下。

以上三种宗教巫术方面的习俗，都是夜郎民族习俗的遗风。

五、居处习俗与夜郎遗风

贵州少数民族居住的习俗也保留了鲜明的夜郎遗风。在对夜郎的考古中，从未发现什么房屋建筑遗迹，这是为什么呢？因为贵州地区号称“地无三尺平”，山多石多溶洞多，这些洞穴就为夜郎先民提供了天然的居住处所。他们居住在这些洞穴中，省工省料还冬暖夏凉，实在是一个很好的选择。虽时光流逝，但夜郎居处遗风却流传下来，贵州各少数民族沿袭了先辈的洞居、跳洞、吊脚楼、石板房等居处习俗，直到今天仍然有所保存。

吊脚楼

独特吊脚楼

吊脚楼是夜郎民族的一种典型建筑，在贵州比较普遍，黔南、黔东南和黔西的苗族、布依族、侗族、瑶族和水族等都有这种建筑形式。吊脚楼一般依山而建，因为贵州多山，所以地基多为适宜做建筑基础的天然岩体。当然，也是因为多山，房屋的地基就不平，聪慧的夜郎民族想出了简便易行的方法。建房时，后边高的部分靠

山着地，建成平房，而前边低的部分则以木柱支撑，形成两层楼房。楼房一般用当地盛产的木材建成。木楼一般分为3层，上层储放粮食，中层住人，下层堆放杂物和饲养牲畜。住人的一层除卧室、厨房外，还有接待客人的中堂，中堂的前檐下装有靠背栏杆，形成一个木制阳台，既可凭高远眺，又可休息聚会。另外，侗族的吊脚楼往往会一个家族的楼房连在一起，成连片建筑。这种楼的建筑模式在很早就已存在，赫章可乐墓中曾经出土过与其极为相似的陶屋模型，这充分说明了夜郎遗风对后世居处习俗的影响。

情牵洞居

洞居是夜郎先民主要的居住形式，有许多少数民族在古代都有这种居住形式。贵州地理条件独特，溶洞举目皆是，为形成洞居这一居住形式提供了条件。许多天然溶洞，都是石器时代远古人类居住遗址。那时人们形成洞居、半洞居和崖居、半崖居的古老习俗，除了受经济条件制约外，与高寒山区为求冬暖夏凉和多雹地区为避冰雹袭击也有很大的关系。在紫云县的摆架山上的洞中，直到20世纪90年代还有人居住。这是一个苗族村寨，洞中居民多达70多人，可见这个洞很大。洞内有饮水，解放后还给他们修了篮球场和教室，条件还是不错的。有趣的是，政府曾经为了改善他们的居住条件，在洞外盖了一批新房，但他们居然不领情，住了不长时间又都搬回去了。其实也不难理解，多少年深厚的历史遗俗怎么能轻易地一朝改变呢?

缘起跳洞

另一个有关洞穴的居住习俗就是跳洞。跳洞并不是一户人家的居处，而是居住在贵阳花溪区高坡乡的苗族的公共节日庆典场所。场所一般处在山上宽敞的岩洞中，是大家聚集的场所。当地苗族还举行“跳洞节”，每年农历正月的初四、初六、初七三天，当地的苗族民众聚集起来，依次在高坡乡的甲定、杉坪和上午三处岩洞中欢跳芦笙舞，欢庆节日。苗族的男女青年更是不会放过这个聚会的机会，因为这是他（她）们谈情说爱的机会，说不定一份美满的姻缘就会在这欢快的歌舞中诞生。

布依石板房

比洞居对石头利用更为充分的还是要数布依族的石板房。这种建筑主要是分布在安顺、平坝和贵阳一带。这种建筑的特点是，除了横檩是用木头外，住房从地基到四周墙体全都是用石料垒砌而成，房顶上面盖的也全部是石板，所以称之为“石板房”。在有些布依族村寨，不仅房屋，连整个村寨的道路、寨门、寨墙都是用石头筑成的，还会供奉“石菩萨”。每家不仅房屋，家中的日常生活用具也都用石头制成，如石桌、石缸、石磨、石凳等，真是就地取材。贵州多山，并且是喀斯特地形，天然溶洞比较多，所以直接居住在石洞中或利用石头盖房也就顺理成章。

石头构筑的世界

第四编

夜郎故地　贵州新风

一、美妙奇异的婚恋习俗

夜郎故地——贵州的各少数民族男女青年在恋爱、婚嫁方面的习俗可谓千姿百态。苗族的“游方”和“踩月亮”、布依族的“浪哨”、戴“假壳”和“丢粽包”、侗族的“行歌做月”、瑶族的“凿壁谈婚”等习俗，都各具特色，饶有风趣。

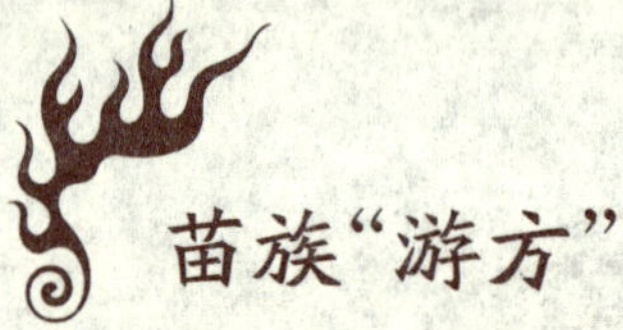

苗族“游方”

苗族的婚恋形式丰富多彩，男女青年婚前恋爱自由，通过“游方”、“坐妹”、“会姑娘”、“踩月亮”等社交形式择偶。过去各地还普遍流行“抢婚”习俗。湘西和贵州还盛行姑舅表优先婚，还有一些地区存在“转房”、“妻弟妹婚”和婚后“不落夫家”的习俗。

“游方”是苗族男女青年恋爱的主要形式。“游方”是指什么呢？原来，“游”的意思就是串游，“方”就是指互相通婚的寨子。“游方”时，未婚男青年相约到别的村寨去寻找自己的对象，这样也是为了规避同宗不婚的戒规。寨子里还建有专门为男女青年交际用的游方坪，可谓考虑周到。“游方”主要以对歌的形式进行。首先是男女集体对歌，如果发现有满意的对象，男方会邀请对方单独对歌，双方情投意合之后再进行单独约会，直至情深意浓，谈婚论嫁。黔中地区还把“游方”称为“撞门墙”，姑娘们聚在一户人家后，关上房门，来“游方”的小伙子则在门外以对歌的形式请求姑娘开门，而这时，姑娘们往往会故意为难一下小伙子，故

贵州长角苗族妇女

意不开门，小伙子们就要在门外继续唱歌，直到开门为止。

还有一种方式称为“踩月亮”，它多发生在贵州威宁苗族地区。在满月的夜晚，洁白的月光照耀着大地，这时优美动听的芦笙曲——《邀妹曲》就会响起来，有心的姑娘就会循声而至。但如果小伙子吹过 3 遍之后，姑娘还未应约，表明姑娘已另有选择，小伙子即自行离去。

行歌做月

侗族男女青年谈情说爱的形式有着美妙的名字——“行歌做月”。姑娘家往往会有专门用来给女儿与来访小伙子对歌谈情的房间，叫做“月堂”。姑娘们会在节日或农闲的时候结伴在“月堂”等候小伙子的到来，这就是“做月”。在少女进入婚恋年龄后，每当月明之夜，对姑娘有意的小伙子就会唱着“走寨歌”、“敲门歌”前来“月堂”。姑娘如果发现有中意的小伙子，就会开门让他进来，让座之后给他茶喝，并继续对歌，唱得情投意合就会相约时间再度“行歌做

月”。经过多次“行歌做月”，双方感情日益加深，小伙子就可以托媒求婚。上门来“行歌做月”的小伙子越多，说明姑娘深受欢迎，姑娘家会以此为荣。

侗族青年谈情说爱的内容颇为丰富。一种俗称为“讨篮子”的求爱方式颇为有趣。每年的农历三月初三，这一天是侗族青年人相恋的火热日子。这天一早，侗族姑娘们便穿上盛装，手提盛满葱蒜的篮子等候心上人的到来。男青年则上前讨要，通过这种方式达到认识的目的，如果双方都觉得不错，就会继续交往下去。

“踩脚后跟”则是贵州东南一带侗族青年交往的一种活动。侗族小伙子若是看上了哪位姑娘，他就会在赶场的时候，悄悄地跟在对方身后，故意踩一下对方的脚后跟。对方被踩了，回过头来觉得这个小伙子自己中意，便会跟着对方走，一直走出场外，两人悄悄细谈。如果自己不中意，就假装不知道，不去理睬。踩的人发现对方不跟出来，也就作罢，再进场另觅对象。

更有意思的是在我国侗族部分地区还有“夜娶”、“夜嫁”的习惯。娶亲一般都是在深夜。男家30多人的迎亲队伍，除吹鼓手外，每人举着一个松明火把，穿山过坳，越溪串案，火红一片，活像一条翻腾跳跃的火龙；再加上唢呐锣鼓的敲打和吹奏，在这寂静的偏乡僻寨，越发显得欢快和火热。夜行十余里，迎亲队伍到达新娘的团寨里，但团门紧闭（每个团有一张大门）。原来这里不可轻易进门，设有道道“歌卡”。迎亲队伍每经一道“歌卡”，都要对歌。一盘一对要应答如流，才可以进去，进了团门，能否接出新娘，还要费力气突破最后一关，因为新娘屋里对歌手云集，即兴盘问。什么古往今来，天文地理，时事政策，随意编成，脱口而出，这就需要迎亲的男家歌手随机应变，很快地巧妙地对答出来，才可发亲。这确实是件很不容易的事。盘问对答毕，女家宣布发亲。新娘头戴侗帕，颈挂项圈，身着大襟花边盛装，由女伴陪同，右手举着桐油纸伞（据闻可避邪），在鼓手热烈欢快的吹奏下上路。如果在途中遇到另外一支迎

亲队伍，新朗和新娘必须交换腰带，互相“换喜”。当迎亲队伍来到男家的门前，即鸣放鞭炮，新娘暂停门外片刻，以等待“进门仪式”。一位50开外的老人，负责举行迎亲仪式。这套为时十来分钟的仪式完毕，新娘才在鞭炮声中进入洞房，稍事歇息便吃“半夜饭”。饭后便开始对歌。新娘和一群女伴在房里，新郎和一群男伴在门外，互相对唱，一直唱到次日凌晨。

有意思的是，新娘新郎成亲，并不“坐家”（夫妻同居）。次日，新娘吃罢丰盛的“百盘宴”（来参加婚礼的人不带其他贺礼，各带一盘最有侗乡特色的腌鱼、腌鸭、腌肉之类的东西），便由女伴陪同回娘家。以后新郎去女家做客，一旦女方有了身孕，新娘才一边挑着稻草（男耕）一边挑着纺车（女织）来到男家定居。从这时候起，才算是真正的夫妇。

淳朴仡佬

仡佬族婚俗的特点便是古朴淳厚。在结婚之前，男方必须请媒人携带鸡、酒等礼物送给女方家，如果礼物被女方收下，就表示婚姻已经得到男女双方的确认，可以操办婚礼了。

在迎娶过程中，仪式比较简朴。男方不必备下猪羊等彩礼，迎亲路上也不用车轿接送，新娘自己撑一把伞，由接亲者和送亲者步行送往男方家。新娘到男方家后，并不像我们熟悉的那样拜天地，也不拜堂，而是直接由迎亲者领入洞房。男方家则在洞房外招待众宾客，由男方长辈亲人轮番向送亲者敬酒。敬酒结束后，婚礼仪式即告结束。不过在当晚，寨中邻居们特别是同龄的青年男女，还会聚集到新人房中唱歌跳舞，表演各种喜庆文娱节目，以表示对新人的祝福。

但是，居住在道真等地的仡佬族则别具一番特色，那就是在娶亲嫁女时还要办“三么台”酒宴以款待众宾客。“三么台”酒宴即指整个酒宴按特点顺序分为三台：第一台称茶席，即请宾客喝清茶辅以多种糖果点心和香香（包括花生、核桃、板栗、白果、葵花籽等）；第二台称酒席，即请客人喝白酒，伴以各种凉菜及酸、咸、辣腌菜和香肠、盐蛋等；第三台称正席，即上饭菜，菜中有扣肉，称吃“大菜”。在招待客人过程中，如果客人不放筷，主人则必须陪宴到底。

同时，在婚嫁期间，亲友要把自家酿制的“爬坡”酒装坛并贴上红条，然后放到门外，作为喜庆的礼品请客人品尝。通常是在酒坛内插上一根长粽叶茎，客人们就可以用此茎为管来品尝美酒。

布依“浪哨”

布依族的男女青年的婚恋最具有浪漫色彩。在赶场天或喜庆节日的时候，布依族的男女青年会纷纷装扮一新，相约前往赶场。不过，他们（她们）去赶场可谓是“醉翁之意不在酒”，赶场的目的不在于购物，而在于趁机聚会和物色各自心中的婚恋对象。布依族将这种男女聚会叫做“浪哨”。布依语中，“浪”是会的意思，“哨”就是指姑娘，合起来就是会姑娘的意思。聚会中初次见面的小伙子和姑娘，要是对对方感到心中满意，往往要先选择一个自己熟悉的朋友作为代表，出面去商谈能否见面，对方同意后双方再确定见面的地点和时间。当然，也有更为开放的男女青年，则直接采用抛“粽包”的方式来约请对方“浪哨”。

赶场聚会的时候，姑娘会携带一种用花布做成粽子状的“粽包”。聚会现场，青年男女各站一边相互对望。这时，如果有姑娘看中了小伙子，就用手中的“粽包”投击他；如果小伙子也喜欢这位姑娘，就迅速冲向前去抢接“粽包”。

“粽包”投递成功后，婉转柔美的情歌对唱便会飘绕于青山绿水之间。情歌对唱是重要的，不会唱歌的人很难在“浪哨”中找到自己的意中人。

出乎我们意料的是，参加“浪哨”的不仅有未婚男女，其中还有不少“已婚”男女！这是怎么回事呢？在镇宁一带的布依族，在儿女尚小时，即在背带上时，父母就已经开始为他们（她们）谈婚论嫁。在经过“相亲”和订婚仪式后，孩子只有五六岁时，就要举行隆重的婚礼，这种婚礼成为“背带亲”。但是在“婚礼”过后，“新郎”、“新娘”都继续在自己家过以往无异的生活，姑娘小伙子成年后，再去参加“浪哨”也不会受这种婚姻的限制。

这种自由的生活，到姑娘长大成人（约在 20~30 岁）后，被戴上“假壳”才告结束。“假壳”是什么呢？它是一种以竹笋壳为骨架，然后用蜡染布包裹后的一种头饰，姑娘戴上“假壳”，就标志着正式成为人妻。

更为有趣的是，我们还会看到强行给姑娘戴“假壳”的场面，这主要是因为布依姑娘们留恋“浪哨”的自由生活而不愿过早带上“假壳”受婚姻束缚。每年农历八月至四月间为戴“假壳”的季节，而给姑娘戴“假壳”往往会采取“偷袭”的办法，这时候布依村寨就不时会见到给姑娘戴“假壳”的“偷袭”行动，在外人看来，自是别有风情。这种“偷袭行动”一般由男方家的已婚妇女执行，她们选择良辰吉日带上礼品到姑娘所在村寨埋伏，趁姑娘不注意时，强行将其抱住，其他人立即上去把“假壳”戴到姑娘头上。戴上“假壳”，标志着正式成为人妻。有趣的是，即使姑娘非常愿意嫁给男方，也要装模作样地挣扎反抗一番，不然的话，就会惹人耻笑。不过，“戴假壳”的行动有时也会因为走漏风声或因为姑娘的反抗而遭遇失败的，男家只好另择吉日“再接再厉”。有时候，女方家长如果觉得“女大不中留”了，就会协助男家做工作，以使女儿顺利戴上“假壳”，完成儿女的婚姻大事。

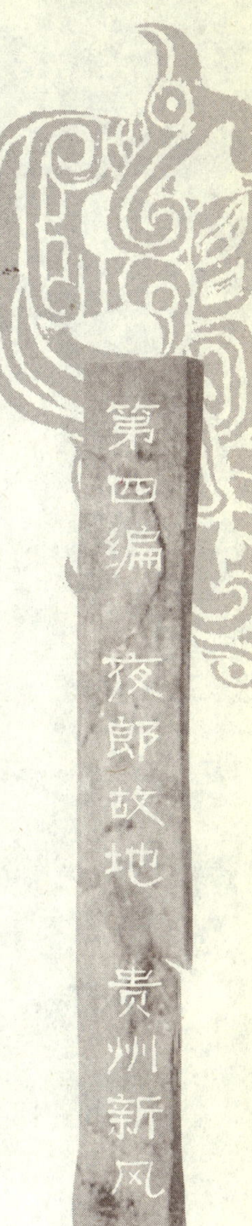

彝族婚恋

彝族的婚恋奇特而有趣。最有趣的是，举行过“换裙礼”的少女，方可在“玩场”中与心上人结交恋爱，以及媒人说亲和吃酒定亲、让新娘挨饿、亲朋通宵哭嫁、向迎亲者泼水、抢背新娘、洞房搏斗等传统婚俗。

彝族姑娘进入成年时（一般多在15岁），首先要依俗举行隆重的“换裙礼”。换裙礼仪式上，姑娘要让姐妹们把她原来的单辫子改梳成双辫子，盘于头顶。还要把原先佩戴两耳的白坠片或穿耳旧线扯下，换上红玛瑙似的珊瑚珠或银光闪闪的耳坠，以示吉祥。最后，姑娘脱去原先的红白两色的童裙，换上绣了花边的上衣和黑、蓝、黄、白等五彩相间的有褶拖地长裙。换上新裙后，姑娘便可到“玩场”跳舞唱歌，参加社交活动，开始寻找自己的心上人了。

在新娘出阁时，彝家俗规规定新娘双脚不得落地沾土，

彝族青年边弹边唱向他喜爱的姑娘表达爱意

不然的话后代不会兴旺。这样，接亲的小伙子来背新娘，并扶她上马。迎娶归途上还有种种规矩：倘山高路窄无法骑马时，须由接亲的小伙子轮流背负新娘而行；过河涉水，更得由人背过河，新娘的绣花鞋万万不能沾水。

更为有趣的是，在洞房花烛之夜，新郎和新娘还要进行一场搏斗。如果新娘在新婚之夜不反抗搏斗，人们会嘲笑她是个不会反抗的女人！因此，待宴客散尽，洞房里的一对新人，还有一番打闹搏斗。他们捽捽打打，撕衣抓脸，从洞房里传出来的砰砰之声，震得四邻皆闻。

凿壁谈婚

瑶族的婚恋形式主要为“凿壁谈婚”。瑶族姑娘成年后，便住在靠门口的厢房，并在房壁上凿一小洞。有意的小伙子在夜间前来姑娘家，用小木棍从墙壁小洞叫醒姑娘后，唱歌表达自己的爱意，如果姑娘感觉满意，会邀请小伙子到屋内火塘边交谈。彼此感觉满意，便继续交往，直至订婚约，父母对女儿的婚事一般不加干涉。

二、独具风味的饮食文化

贵州少数民族众多，并且各少数民族分布广泛也比较分散，因此在饮食习俗上多有不同。各少数民族在长期的历史发展过程中都创造出了自己独特的饮食文化，可谓丰富多彩，洋洋大观。

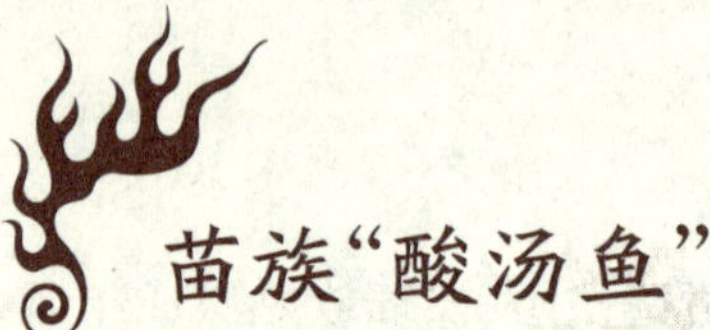

苗族“酸汤鱼”

贵州苗族的主食为大米、玉米、红薯等，副食品主要有豆类、肉类和蔬菜等。苗族特别喜欢食用糯米，并且将糯米食品作为礼仪节庆和待客食品。苗族菜以辣、酸和咸为主，其中酸味最受欢迎，日常经常食用酸辣味汤菜，以酸汤鱼最为出名。

苗族的婚礼葬俗中也体现出独具特色的饮食文化。婚俗中，男方去女方接亲时，会带上熟鱼数条和一大包糯米饭，

青团子

在晚上到女方的寨子边等候。然后女方在亲朋好友的陪同下，来到男方所在地，众人吃过男方带来的熟鱼和糯米饭之后，新娘就可以由男方带走了。等到报亲的时候，男方还要备下酒和肉等送到女方家。在葬俗中，如要给死者的舅父和姑母报丧，报丧者进屋不说话，磕头之后给舅父或姑母倒一碗酒，则表明是报丧。

布依“花糯米饭”

布依族以大米、玉米、小麦等为主食。糯米食品也是布依族喜爱的食品，逢年过节或招待宾客时，都要制作糯米饭和糯米粑粑。节日时，还要制作添加花和树叶的多种颜色的糯米饭，称为“花糯米饭”。副食品有豆类、肉类和蔬菜等。同大多数贵州少数民族一样，布依族也喜食辣椒和酸菜。

侗不离酸

侗族人大多数人食用黏稻，而生活在山区的民众喜食糯米食品。贵州侗族喜欢食用酸食，自古便有“侗不离酸”的说法，他们自己亦称：“三天不吃酸，走保打倒窜。”在侗家菜中，带酸味的占半数以上，有“无菜不腌、无菜不酸”的说法。日常菜肴以酸菜为主，种类也非常丰富，有素酸、煮酸、腌酸和荤酸等。“腌肉”、“腌鱼”和“烧鱼”是招待宾客的上等佳肴。大多数地区民众日进三餐，也有的地方吃四次饭，即两茶两饭。茶，指的是油茶，油茶主要由茶叶、花生、花和糯米做成，配以肉、盐和葱花等作料，制成汤状，既可以当饭充饥，又可以当茶解渴，所以称为“吃油茶”。以前，部分村寨还留有分食之风，吃肉时，每人分给

一串，吃不完的可以带走。侗族的饮食禁忌主要是：不可坐在门坎上吃饭，忌讳看别人吃东西；正月初一不生火；祭祀期间不许外人入寨；丧期孝子忌荤吃素，但鱼虾不限，等。

仡佬“爬坡酒”

仡佬族习惯日食三餐，早餐稀饭或酸汤烫饭，中餐和晚餐多为大米干饭或玉米干饭。仡佬族最喜欢的食品之一是糯米。糯米一般都用来制作糯米粑，因制作方法不同，各具不同的风味。食用时，常配以蜂蜜、红糖、白糖、芝麻、苏子等。

仡佬族大都喜欢把鲜菜做成酸菜和腌菜再吃，如用青菜、辣椒、大蒜、生姜混合腌制的酸辣菜，用香椿芽腌制的腌香椿，不仅可以凉拌，单独做菜，而且还可用来做成招待客人的大菜（即扣肉底菜）。

肉类主要有猪肉、羊肉和牛肉、马肉，其中较有代表性的风味菜肴是用猪骨头、鸡肉加大量的辣椒粉舂碎，加各种作料做成的辣椒骨，食用时既可单独做汤，又可与其他菜相配，制成各种风味菜肴。

仡佬族很喜欢吃辣食，吃法很多，如：将嫩辣椒放在干

苗族炸灯盏窝

锅内爆成半熟，然后用油炒糊；或将嫩辣椒煮成半熟，晒干，吃时再用油炸，直接用来下酒。仡佬族善酿酒，以“爬坡酒”最富特色，酒用玉米、高粱、毛稗、稻谷等酿制而成，常用做礼品赠送亲友。

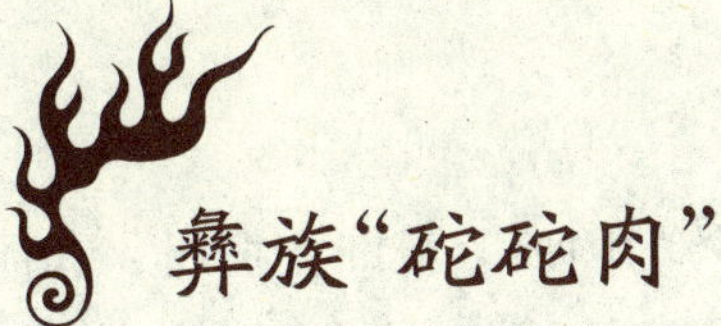

彝族“砣砣肉”

彝族住在平坝地区的老百姓，平日以稻米、玉米、小麦、洋芋等为主食，而高寒山区的民众则以玉米、荞麦、洋芋为主食。副食为蔬菜、豆类、瓜果和羊、猪、鸡等肉类。逢年过节或贵客登门，主人要杀鸡宰羊甚至杀猪待客。同时，他们杀牲不用刀，杀鸡鸭用手捏死，杀羊、猪则用木棒等捶击头部，于是俗称“打牲”，或曰“打羊”、“打猪”。有趣的是，宰杀之前，主人要请客人先验看牲畜，以示主人的诚意和对客人的尊敬。烹煮时，主人把肉块剁成拳头大小后，下锅炖煮。吃起来又鲜又香，十分可口。因为肉块似砣，又因用手托着吃，因此称为“砣砣肉”。

三、贵州美酒天下知

贵州美酒天下知。驰名中外的国酒茅台即在贵州，其他名酒亦是琳琅满目。其实，比美酒更醉人的是那丰富多彩、千载传承的酒礼、酒俗、酒文化。

苗族“栽花竹酒”

苗族人经常饮酒，他们的酒分为甜酒和烧酒两种。酒多在招待宾客或节日喜庆时饮用，喜欢喝酒的人，平时也会饮用。苗族人家按照不同的用途酿造各种美酒。在女儿出生时酿造一种甜米酒，称为“女酒”。它是由甜米酒密封在口小肚大的土罐中，并于冬天放在干涸的池塘泥中封存，经长时间窖藏而成。“女酒”只有在女儿出嫁后再回到娘家后，才

四川凉山彝族漆器——酒具

苗族姑娘敬酒

可以用于招待宾客。

苗族酒礼酒俗众多。一种称为“栽花竹酒”的酒俗，目的则是为了婚后求子或为小孩祛病消灾。届时，在巫师主持下，家人将两株连根竹栽在家中房屋中柱附近，请12位父母儿女齐全的有福之人参祭，然后主人会以酒肉款待宾客，这就是喝栽花竹酒。还有一种“拦路酒”，主人备酒在路上设关，有3至12道关，饮酒才能过关。当然，实在不能喝酒的，表示一下就可以了，不过不能接下酒杯，因为你只要接下酒杯就要一饮而尽。到家后再开酒宴，先由男主人敬酒，再由主家妇女们按客人长幼顺序敬酒。不要以为酒宴结束就万事大吉，送别之时，还有送别酒。送别时，由主人唱送客歌，劝客人喝送客酒。主客之间的绵绵情意便通过歌声和美酒表露无遗。

布依“讨八字酒”

布依族则是户户都备有自制的糯米甜酒和大米烧酒。还有一种搀和野生刺梨果酿造的米酒，营养丰富，招待贵宾时方拿出。已有数百年历史的刺梨酒酿造技术，如今批量生产，畅销全国。布依族的酒礼酒俗也颇为兴盛。“讨八字酒”说的是媒人到女方家讨八字以订婚期时要喝的酒。女方家将姑娘的八字压在堂屋神案前的八碗米酒下，然后由媒人去找，如果端起的酒碗下没有八字，媒人就要喝酒，直到找

到八字为止。看来如果酒量不行，还做不了这个媒人呢。

侗族“拦路酒”

侗族的男子非常喜欢饮酒，酒大多是糯米酒，其中有的经过蒸馏，有的连酒带糟一起饮用。这种酒的度数不高，但酒力持久，喝醉后往往难以醒来。所以每当侗族人家接待宾客之时，往往喝得酩酊大醉方休。侗族最有特色的要数客人进寨时特殊的迎宾仪式——“拦路酒”了。侗家人在进入寨子的门楼边设置“路障”，挡住客人，饮酒对歌，你唱我答，其歌词诙谐逗趣，令人捧腹。如果主人觉得唱好了喝好了，再撤除障碍物，恭迎客人进门。入座后又是换酒“交杯”，邻居或自动前来陪客，或将客人请到自己家中，或“凑份子”在鼓楼中共同宴请，不分彼此。酒席上还有“鸡头献客”、“油茶待客”、“酸菜苦酒待客”、“吃合拢饭”、“喝转转酒”等规矩，体现出丰富的酒文化。侗家人讲究的是“酒满敬人，饭满侮人”。所以，斟酒时必须斟满。敬酒劝酒的声音越宏亮，表明气氛越热烈，宾主越友好，所以喝酒招待客人时，很远就可以听得见。喝酒时，还往往以友情、丰收、祝颂为题对唱酒歌。散席之前，男女主人还要给大家斟

贵州省威宁县苗家拦路牛角酒

一杯“团圆酒”，互致敬意，一饮而尽。如此多的礼数下来，恐怕不醉是很难的了！

仡佬“咂酒”

仡佬族热情好客，有亲朋好友到来，一定要用酒来招待，喜庆节日更是必不可少。民众喜饮咂酒。每当喜庆节日或贵客临门，主人拿出美酒，然后放入数支咂管，咂管可长达一米多。喝酒时，主客围在酒坛边用咂管吸饮。还会有人不断往坛内加酒，保持永不干涸。如果喝酒的人多，还会有歌舞助兴，美酒更有滋味。

彝族“转转酒”

彝族男女老少皆能饮酒，他们喝酒时，经常先把酒倒进大碗里，第一个人喝一口后传给下一位，以此传递，大家轮流喝完这一碗酒。于是，人称彝家这种喝酒方式为“转转酒”。“转转酒”表达的是亲密无间的友谊。

喝转转酒的彝族老汉们

水族滴酒礼

水族则在喝酒之前必有一个滴酒以祭祖的酒俗。在主客入席后，由主人提议一位在座的辈份最高及年龄最大的老者执行滴酒礼。老者先用筷子蘸一滴酒滴在桌面以祭祖，然后主人再将酒敬送给客人，客人也随后用筷子蘸酒滴在桌面以祭祖。滴酒祭祖表达了水族民众对祖先的敬仰之情。酒，成为一种传达对祖先敬仰与怀念的载体。

四、浩如烟海的节日大观

贵州有着极为丰富多彩的民族节日。据不完全统计，贵州少数民族节日竟多达上千，规模较大的有苗族和布依族的“四月八”、苗族的“姊妹节”、布依族的“六月六”、彝族的“火把节”、水族的“端节”、瑶族的“盘古王节”等。

丰富多彩的苗族节日

苗族的节日可谓丰富，很多节日都有着比较大的影响。“年节”是苗族人民最隆重的传统节日。由于苗族居住的地区很分散辽阔，他们的年节没有统一固定的日期。一般是在农历十月的第一个卯日或丑日举行。如季节来得迟，秋收未

苗族节日“四月八”歌舞

完，就改在十月的第二或第三个卯日举行。

苗族人民之所以在这个时候过年，可能是古时受到汉族的影响，因为在周朝时，以农历十月为岁首。节日时间，家家户户杀猎宰羊，准备好的饮食，祭祖祭神，希望来年风调雨顺，五谷丰登。同时，还举行丰富多彩的节日活动，其中包括赛芦笙、跳芦笙舞、斗牛赛马、斗鸟等传统的文体活动。男女老少都穿上节日盛装，老年人走村串寨去探亲访友，青年人则相互邀约一起去“游方”对歌，选择称心如意的对象。邻近的壮、侗、汉等族人到时也会赶来赴会。

“四月八”是苗族人民在每年农历四月初八怀念祖先、纪念英雄的日子。这一天，他们载歌载舞，以表示对祖先、英雄的景仰和凭吊。贵阳、惠水、龙里等地都有欢度“四月八”的场所。

在黔东南清水江畔，流传着苗族的传统节日——“姊妹节”，又称“吃姊妹饭”，因地区不同分别于每年农历二月十五日或三月十五日举行。以台江县施洞最富特色，三月十五日清晨，家家户户都备好五彩糯米饭、传统佳肴及芳香四溢的自酿米酒，摆到一处宽敞的院坝里，盛情款待远道而来的客人们。第二天，主人和客人便走到野外，江边草地沙滩上，人山人海欢聚一堂，或对歌踩鼓，或观看斗牛、赛马、跳芦笙，青年男女三三两两邀约游玩，谈情说爱。晚间，嘹亮的歌声远近四起，又掀起一个新的欢乐高潮。

“吃新节”是苗族春夏之交最盛大、最隆重的节日，由古代的祭祀演变而来，各地过节时间不一，一般在农历的六月初到八月中旬这段时间内。过节这天，被邀请的客人身穿节日盛装，挑上礼品，牵着斗牛前来作客。祭过祖后，宾主频频举杯预祝丰收。第二天开展斗牛、赛马、跳芦笙等活动。夜幕降临，屋内飘出老人们的酒歌声，芦笙场上荡漾着青春的笑语和欢乐的旋律，芦笙声、酒歌声、情歌声、飞歌声弥漫在苗寨的夜空里。

台江、凯里、施秉、剑河等县有举行“龙船节”的习俗。“龙船节”为苗族传统节日，每年农历五月二十四日由

龙舟竞赛

施秉平寨开始，经过龙塘、榕山，于二十七日到达台江施洞，进行龙舟竞赛，同时有斗牛、赛马、踩鼓、跳芦笙等，参与者数以万计。几十个苗寨的群众扶老携幼，载歌载舞，派出各自的龙船参赛，龙船头上挂满鸡鸭鹅礼品祝福。

“牯藏节”系苗族重要的祭祖活动，13年杀牛祭祀一次。每届历时3年。“牯藏节”是最具特色、最能体现苗族民族文化的节日，活动内容既有庄重肃穆的祭祀，也有欢快的娱乐，是一个既娱神又娱人的活动。

多姿多彩的布依节日

布依族人民的节日也毫不逊色。“年节”也是布依族的隆重节日。布依族一般会在春节过年，正月初一称为“大年”，月底之日称为“了年”。但也有例外，在黔南荔波甲良区，还有在农历十月一日“过小年”的习惯，在还没天亮之前放鞭炮，然后姑娘们立即挑回“灵水”，用来煮汤元和做团圆饭。

农历三月初三，是贵阳市及邻县布依族群众的民族传统

节日“三月三”。每年三月初三，贵阳及邻县布依族群众便要云集乌当新世界堡乡，或登台亮相放喉赛歌，或步入密林吹响木叶相互对歌，或男女结伴沿溪而游戏水欢歌。有的唱得心花怒放情投意合，则择机互赠信物，成双成对消失在密林深处。这歌会，起码要唱歌到日落西山、月上树梢。每年的三月三都要吸引许多赶热闹的文人墨客到此采风，一些外国友人也乘兴前往，以体验布依族从早到晚歌如泉涌长久不息的民族风情。

布依族相信万物有灵，有些节日就体现布依人的信仰，如“牛王节”、“祭田节”等。布依族民众也过“四月八”节日，不过他们将其称之为“牛王节”，因为布依族人民认为这一天是“牛王”的生日。这一天，黔南的布依族民众用五花糯米饭、苦丁茶和紫泉酒喂牛；荔波一带的布依族群众也用黑糯米饭来犒劳“牛王”，并且会让牛放假一天，休养生息；罗甸、册亨、安龙、贞丰一带的布依族群众还用枫树叶泡水给牛洗澡，可谓关怀备至；有的地方要挑选最壮的牛互相角斗，以决出牛王。

“六月六”，是布依族重要的传统节日。每年农历六月初六，贵阳市及邻县成千上万布依族群众齐集于市郊风景秀丽的花溪河畔，穿密林，绕花间，乘游船，吹木叶，唱山歌，尽情欢度佳节。人们观花听歌，如痴似醉惬意万分。关于六月六，有这么一个传说：很久很久以前，一

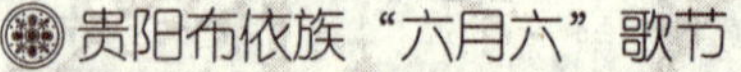
贵阳布依族“六月六”歌节

位美丽能干的布依族姑娘绣了一幅四时花开不败、香飘长天的青山秀水图，魔王见此宝图，顿起贼心前来抢夺。姑娘和众乡亲苦战七天七夜难退魔兵。直至六月初六，眼看宝图就要落入魔王之手，姑娘立即将宝图抛向空中，青山秀水图就变成了如今花溪的青山秀水，魔王被活活气死，化为一堆乱石沉入花溪河底。此后，人们为了纪念这位造就花溪秀美山川的布依姑娘，便于每年六月初六汇集于花溪河畔，载歌载舞，以表敬意。久而久之，便形成了召集名扬省内外的“六月六”歌节。

农历六月六也是“祭田节”，是仅次于春节的隆重节日。这天一早，家家都带上供品到自家种的田去祭祀五壳神。有的地方由村民合请巫师在寨子的神庙祭五壳神、土地神和寨神，然后高举黄幡敲锣打铙到田坝巡行，一旁念咒，用来驱除旱魔、涝鬼和虫妖，祈求五谷丰登。六月六不仅是“祭田节”，在黔南有些地方成为“歌节”，称为“六月场”，是布依族青年男女朝夕期盼的节日，因为这是他们恋爱交际的日子。届时，男女青年在各自约定的歌场上对唱，晚上还到布依村寨里继续对唱，用这种方式表达彼此爱慕之情。

“歌节”不只有“六月六”，还有“毛杉树节”、“查白歌节”等。“毛杉树节”是在黔西南的安龙、德卧一带，时间在每年三月初三之后的第一个赶场天。“毛杉树节”是为了纪念用歌声驱赶恶魔变成的蚂蚱而累死的杉郎树妹。节日的场面十分热烈，方圆几百里甚至跨州越省的人们都会赶来赴会，连续狂欢三日。

“查白歌节”是南北盘江一带布依族的又一个“歌节”，是为了纪念反对封建婚姻而殉情的一对青年男女，时间在六月二十一日。这一天，坐落在黔西南布依族苗族自治州首府兴义市郊20多公里的查白场，青年男女成千上万地赶来聚会，唱歌、吹木叶、弹月琴、跳舞……热闹非常。

在这些歌节里，既可以大展歌喉，又可以尽情狂欢一场，不过归根结底都成了青年人“浪哨”的“情人节”。节日的起源传说多是关于忠贞爱情的故事：一对情人如何因为

未能美满结合而殉情，后来的人为了纪念他（她）们，因而有了歌节。据统计，这种节日竟然多达50多种。

对于并非借机“浪哨”的旅游者来说，节日盛会中迸发出五彩缤纷的风情才是最重要的。在这时，布依族的歌曲、舞蹈、音乐和别具一格的布依戏、地戏都乘机大展风采，谁能不酣醉入迷？

仡佬节日

仡佬族的传统节日大体与汉族相同。如春节、端午节、七月节和中秋节。其中糯米粑是仡佬族节庆活动中必不可少的食品。

“春节”是仡佬族最大的节日。过春节时，家家户户都要用一升或几升糯米打成一个大的粑粑，放在簸箕或方木盘内，供奉祖先，三天之后才可食用。在端阳节、重阳节及其他所有节日，都要宴请宾客，均要做粑粑。民间广为流传着“端阳打粑送亲家，重阳打粑封龙口，谷熟打粑献新人”的顺口溜。

“牛王节”也是仡佬族民间特有的节日，在农历十月初一。每到这一天，当地的仡佬族杀鸡、备酒、敬奉牛王菩萨，祈愿牛王保佑耕牛体魄健壮，凡养牛户届时都要让耕牛休息，用最好的饲料喂牛，还要用上等糯米打两个粑粑分别挂在牛的两只角上，把牛牵到水边，让牛“照镜子”，使它兴高采烈，然后取下粑粑喂牛。

侗族节俗

侗族有侗年的习俗。过年的日期不尽相同，锦屏一带为

农历腊月初一，举行大规模娱乐活动，走亲访友，谈婚嫁娶等。榕江一带则于农历十月底至十一月初过侗年，并且是连续三天，从初一到初三，年前家家户户打扫卫生，杀猪宰羊。过节时，男女老少身着盛装，跳芦笙、踩歌堂、斗牛，欢乐无比。其斗牛活动非常精彩。大家对西班牙斗牛比较熟悉，侗族的斗牛活动更为惊险刺激。斗牛生活条件优越，不从事农耕，并由专人饲养。斗牛时，鸣鞭炮，奏芦笙，场面壮观，经过激烈搏斗后，获胜的牛披红挂彩，成为牛王。

侗族在侗年斗牛

锦屏一带侗乡还举行元宵灯会，称为“侗乡灯节”。灯节的龙灯、花灯制作工艺都十分讲究，动物造型栩栩如生，玩灯者一个村一个寨地走，龙灯队还要编唱龙灯歌；而各种花灯则配以谜语，谜语有天文地理、动植物

锦屏是古镇，花灯表演同样历史悠久

等，吸引众多参与者。

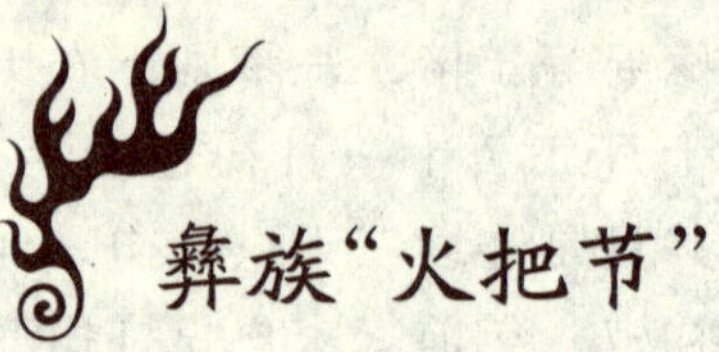

彝族“火把节”

彝族的节日很多，而其中最隆重的传统节日要数“火把节”。节日的具体时间因地而异，有的在农历六月初六前后过节，有的在六月二十四日前后过节。节日期间，彝族群众身穿盛装，高举火把，到田间驱除害虫。同时还燃篝火、开晚会，举行赛歌、摔跤、斗牛、敬酒等活动。人们围着熊熊燃烧的火堆，尽情歌舞，云南巍山的“打歌”，弥勒、宜良的“阿细跳月”，楚雄的“打跳”，凉山的“洛荷”等欢快的集体舞在这天都会大展风采，让人流连忘返。

在楚雄州大姚县昙华山一带的彝族“插花节”别具一格。人们把绚丽的马樱花戴在头上，插在门前，表达对抗暴除恶英雄咪依鲁的赞美。在马樱花盛开的时节，当地彝族人民唱歌踏脚，尽情欢乐，庆祝他们幸福的新生活。

水族“端节”

“端节”是水族盛行的最隆重的节日。每年农历八月下旬至十月上旬期间的亥日，便是过“端”的日子。不同地区轮流过不同亥日的端节。端节之日，家中设案祭祖，在桌子上放置锄、镰等生产工具和衣物、鞋袜等生活用品，并备以素席。那时，四乡八寨的亲友都到过“端”的寨子去做客饮酒，欢庆丰收。端节的白天，水族群众还要聚集在端坡上举行赛马、击铜鼓、吹芦笙等活动。

“瓜节”，又称“水年节”，也极为盛大，一般在农历九至十月，各个地区轮流举行。瓜节之时，亲朋好友、街坊邻

居聚集一起，然后以煮南瓜、豆腐、酒和糯米饭祭祖，并焚香敲鼓。“瓜节”一般持续 3~5 天，并举行对酒歌、跳芦笙舞和赛马等活动，小伙子和姑娘们则趁机谈情说爱，寻找自己的意中人。

瑶族过节

瑶族“盘古王节”又称“达努节”、“祖娘节”。“瑶年”，是瑶族最隆重的节日。每年农历五月二十九日，瑶族群众为纪念创造天地万物的祖先大神弥洛陀，要杀猪，做糯米饭，全家欢聚，亲友寨邻互访做客，吹芦笙、跳舞、唱歌，以示庆贺。

第五编
缤纷艺苑皆奇葩

一、夜郎故地的乐器

铜鼓余韵

簧管乐器

弦乐乐器

二、贵州的舞蹈

长袖善舞的苗族

翩翩起舞的侗族

布依与水族舞蹈

三、音乐的民族

苗岭无处不飞歌

歌声悠扬的侗族

庄重大气的布依歌

彝族出嫁歌

以歌说事的水族

四、山野梨园民族花

侗戏

布依戏与地戏

奇异的傩戏

一、夜郎故地的乐器

夜郎故地——贵州的各少数民族的乐器制作已经有着很高的水准，并具有鲜明的民族特色。

贵州的民族乐器主要有以下种类：打击乐器、簧管乐器和弦乐乐器。

铜鼓余韵

打击乐器，主要包括铜鼓和木鼓。铜鼓在贵州少数民族中的使用已经有很长的时间，这点可以从考古中看出来，距今约 2000 年的赫章可乐墓中就出土了两面西汉时期的铜鼓；

古老部落白裤瑶的丧葬习俗之——打铜鼓

台江姊妹节上的木鼓

遵义地区也出土过南宋时期的铜鼓；麻江出土了宋至明代的铜鼓。其中现在使用的铜鼓多为麻江型铜鼓，并且由于其铸造技术失传，现在所用铜鼓多为前代所传，是珍贵的文物。

木鼓，一般是用来给舞蹈伴奏的，不过有时鼓手也要表演动作。苗族、侗族的木鼓，用栗木或枫木制成，鼓长 100~200 厘米，直径 30~40 厘米，流行于贵州省黔东南苗族侗族自治州，用于丧葬、年节、祭祀等场合中，用杵棒击奏，节奏变化多样，常常边舞边奏。木鼓系用圆木掏空，两端蒙上牛皮制作而成。通常之鼓，其直径约为 50 厘米，长约 250 厘米。竖于高约 120 厘米的鼓架之上。在脚架离地 20 厘米处平行置放两块木板，板上置放 12 只酒杯，杯里长年斟酒供奉，至为神圣。每隔 13 年则将鼓抬置鼓场之中，宰牛祭祀，击鼓舞蹈，场面宏大而壮观。在台江县方召乡，那里的苗族村民喜欢跳一种反排木鼓舞，木鼓节奏感强烈，舞姿古朴粗犷、豪迈奔放，被誉为“东方迪斯科”。这种动作夸张而潇洒和谐的舞蹈，在苗族地区是不多见的。侗族木鼓主要用途在于在紧急时刻召集民众和报警，所以，一般情况下，木鼓不能随便击打。

铜鼓文化在夜郎文化中占据了重要的地位，至今仍留有令人叹为观止的铜鼓文化。鉴于铜鼓与贵州各少数民族的生活是如此的息息相关。铜鼓是从遥远的历史中走出来的，西

南少数民族使用铜鼓的记载早在《后汉书》、《旧唐书》、《宋史》中就已经多有出现，并且在贵州考古中也得到了证实，像赫章可乐墓群出土的西汉铜鼓、遵义地区墓葬出土的铜鼓、麻江铜鼓等，无不展示出当地制造和使用铜鼓的悠久历史。

铜鼓不仅仅是一个简单的器物，我们看重它，主要是因为它所体现出来的民族特性。赫章可乐墓群墓葬中发掘出的铜鼓就以一种比较特殊的形式出现，即将铜鼓套在死者的头上，成为“套头葬”。此墓年代约在西汉晚期，由此可见铜鼓历史的悠久。同时它也说明，在这一时期，铜鼓已经不仅仅是一种生活用具，而是成为祭器用品，代表了一种神圣的意识。在遵义地区，有播州土司杨粲墓铜鼓、马家湾铜鼓和刀靶水宋墓出土铜鼓等。其中，除已知播州土司杨粲为世袭播州宣慰使外，其他人身份尚不明了，但由于当时铜鼓是象征权力的重器，所以这三处墓葬的主人应该都具有一定的社会地位，这也说明铜鼓在人们心目中已经占据了重要的地位。

那么铜鼓主要有什么用处呢？铜鼓的用途可谓广泛而又重要，在历史上它有着助战、娱乐、祭祀、陪葬等诸多用途。铜鼓首先是象征权力的重器，本质上讲它不是一般的器物，它永远由德高望重的领袖保管，只有遇到重大的节日或有大事时才能启用。由于铜鼓能够集众，所以拥有铜鼓也就拥有了统治权。当发生战争的时候，击鼓召集众人，在战场上可以鼓舞士气，这倒和中原文化有很大相似之处。

铜鼓的另一重要功能就是充当乐器，通过敲击铜鼓发出声响而成音乐。铜鼓音乐在瑶、苗、侗、水、彝等民族中颇为流传。铜鼓的大小也不尽相同，最大的鼓面直径达 165 厘米，而小的仅 2.3 厘米，可谓小巧玲珑，让人爱不释手。演奏的时候，把铜鼓侧立放在地面上，或用木架悬挂在半空中，然后用两根鼓槌敲击鼓面或者鼓身，敲击不同的地方就会发出强弱不同、音色各异的音响。如果几个铜鼓一起演奏，那么声音宏大、粗犷而铿锵有力，很是令人震撼。敲击

铜鼓的时候，人们就会随着鼓声跳起舞蹈，这就是著名的铜鼓舞，鼓声和舞蹈融合一体，场面气氛极为热烈，因而铜鼓音乐和铜鼓舞常常出现在婚嫁贺喜、迎客送客和新房落成等喜庆活动中。不过，有时在老人去世时也会击奏铜鼓，但是这时击打铜鼓的节奏就会有很大的变化，鼓声缓慢而又沉重，听起来让人感觉庄严肃穆，肃然起敬，犹如哀乐，表达人们对死者的哀悼和痛念。

贵州省雷山县朗德镇上寨苗族风情

铜鼓文化对夜郎民族的影响是如此之深，所以时至今日，铜鼓与贵州各少数民族的日常生活仍是如此的息息相关，成为他们日常生活中不可缺少的一部分。其中苗族、布依族和水族等都是善用铜鼓的民族。

苗族把铜鼓视为珍宝，在喜庆节日和祭祀时才将铜鼓请出，并且先经过祭祀之后，才能开始击鼓作乐。苗族人还喜欢跳一种踩铜鼓舞，这种舞蹈节奏平缓、庄重沉缓，因为最初是作为祭祀性的舞蹈，不过后来就成为人们的娱乐活动。

布依族普遍使用麻江型铜鼓，几乎所有的布依族村寨都有一面铜鼓。布依族珍爱铜鼓，关于铜鼓，有许多神奇美丽的传说。由寨老和族长保存的铜鼓只在隆重节庆、丧葬、祭祀时才使用。目前，布依族村寨仍保留了使用铜鼓这一传统习俗，铜鼓对他们来说，不仅作为器乐保存，而且蕴涵着深厚的民族文化、民族荣誉和尊严。从铜鼓声中，人们可感受到民族的历史和人间的悲欢离合，只有当铜鼓发出声响时，铜鼓才能获得灵魂的永恒和生命的长驻。布依族铜鼓有 12 种敲击方法，具体在什么场合敲击什么鼓点都有其特定的文化内涵，体现了布依族人民的创造才能。

水族善用乐器，如铜鼓、芦笙、唢呐等，其中铜鼓最为珍贵。在水族聚居的地区，几乎每一个村寨都有铜鼓，有的甚至多达十几面铜鼓。铜鼓主要用于节日、喜庆、祭祀和丧葬等活动中。在喜庆的节日时，人们将平时珍藏的铜鼓取出来，并且只有在祭祀之后才能使用，足见其珍惜之情。在铜鼓敲起来之后，还用大皮鼓伴奏，这时水族人民就会踏着铜鼓的鼓点翩翩起舞，跳起著名的铜鼓舞来。铜鼓舞舞姿优美，场面宏大，甚有观赏价值。铜鼓同样应用于丧葬活动中，在丧葬活动中，人们会先将死者扶坐在铜鼓上为其更衣，他们认为只有这样死者的灵魂才能安然离去。有的地方还会在死者的墓中石板上刻有铜鼓的鼓面纹饰图案。

簧管乐器

另一种重要的乐器就是簧管乐器，主要有芦笙、芒筒、箫笛等。芦笙是古老的簧管乐器，约有 2000 多年的历史，许多少数民族都爱吹芦笙，其中以苗、侗族最盛。吹芦笙时可站可坐可跳，特别是舞蹈时，边吹边跳是它的特长。

芦笙由笙斗、笙管、簧片和共鸣筒组成。笙斗用松木或杉木制作，中间剖开掏空装入笙管后再用胶粘合，外用树皮

或细蔑箍5圈以防裂。细端插一竹管吹嘴。笙斗斜插两排笙管。笙管用细而长的白枯竹或笋壳竹制作，一般为六管，也有四管或八管的。芦笙是从葫芦笙演变而来的。苗、侗、瑶等民族不断发展芦笙，制成了木质笙斗和金属簧片的芦笙，从而获得了较大的音量和优美的音色。

贵州黔东南的凯里、黄平、台江、从江等地，定期或不定期举行芦笙会、芦笙节、跳芦笙等活动，黄平九月二十七日举行的苗家谷陇芦笙会最具代表性。苗家芦笙会内容丰富，甚至还有斗牛、赛马、斗雀、斗鸡等活动项目。会期一到，居住在这里的苗、侗、瑶等少数民族从四面八方涌来，多达五六万人。苗族姑娘们盛装前往，上万名身着花裙、披金戴银的少女银角斗艳。芦笙会又是青年人谈情说爱、找对象的好场所。清晨，主寨的芦笙率先吹响，粗犷的旋律在高原上回荡。寨老领着人群拜祭祖先，然后鱼贯进入芦笙坪，迎接客队的到来。客队来到寨口，吹奏进村曲，鸣炮三响来到芦笙坪，主寨热情吹奏欢迎曲。芦笙队每组一般由五人组成，按固定的步伐和踏着节拍边吹边舞。苗家芦笙曲本身就像特定的语言，人们一听便知道该跳什么舞。身着银饰的苗家姑娘们往往在芦笙场里围观，待选择到意中的吹笙者，分三或五排，手牵手进入芦笙圈子，随着节拍踩笙起舞。若在

侗族芦笙舞

集会高潮之时，那如织如林的芦笙，千万条齐声鸣奏，场面蔚为壮观。

芦笙有较高的艺术价值和丰富的民族文化内涵，为发掘、发扬这一传统民族文化，贵州举办了“中国凯里国际芦笙节”，向世人展现这朵散发着山野清香的奇葩。

芒筒，又称芦笙筒、地筒、莽筒，是苗、侗、水等族的吹奏乐器。它由簧管和共鸣筒组成。簧管是在一根细竹管下端开一长方孔，镶嵌铜簧片而成。无按音孔，只发一音即乐曲调式主音。共鸣筒毛竹制，底端留节。将簧管置于筒内，口吹簧管上端，振动簧片发音通过共鸣筒扩大音量。芒筒长短、大小不一，音高各异。中小型芒筒长 30~70 厘米，大芒筒长 150 厘米左右，最大者居然长达 2 米，可谓庞然大物了。它的音高依次相隔八度。民间芒筒依其大小组合在一起称芒筒队。大型芒筒队由 15 或 21 支组成，分为大、中、小和最小芒筒四组。每组 3 至 5 支，与各种芦笙组成芦笙乐队。芒筒以圆润雄厚的持续音加强主音，使乐队音响丰满。

玉屏箫笛产于被誉为“箫笛之乡”的贵州省玉屏侗族自治县，它是侗乡民传统的手工艺品和民族乐器，至今已有 300 多年历史了。箫笛在清朝曾经被列为贡品，所以又称为贡箫。玉屏箫笛用当地的小水竹制作，这种竹的竹节长而均匀，管壁肉厚坚硬，不易破裂，也不易虫蛀。用这种竹造出来的箫笛音质纯正，音色圆润，尤其是椭圆形扁箫，音色更佳，为萧中上乘。玉屏箫笛上还有颇具特色的传统雕刻，上面龙飞凤舞，栩栩如生；山水花鸟，清新迷人；草篆隶楷，流畅古雅，让人感受到其不凡的品位。

弦乐乐器

最后一类乐器则为弦乐乐器，主要有侗族琵琶、苗族古瓢琴等。侗族琵琶是侗族人民所喜爱的一种弹拨乐器。常用

于侗歌的伴奏。主要流行于贵州、广西、湖南的侗族居住地区。侗家寨都有鼓楼，每逢节日和劳动之余，全寨的男女老少都会尽情的欢乐，弹起琵琶，传歌、对歌。侗族歌手在唱琵琶歌时，也常常用它伴奏，自弹自唱。侗族琵琶是由琴头、琴杆、弦轴、共鸣箱和弦构成的。在各地区琵琶的大小不一，可分大、中、小三种。大的音色柔和低沉，中的音色明亮甜美，小的音色清脆悦耳。演奏时，左手持琴按弦，右手持小牛角或竹制的拨片弹奏。它除了独奏、合奏外，还可为侗歌、舞蹈伴奏。是一件极有少数民族特点的乐器。

古瓢琴是流行在丹寨地区的苗族民间乐器。因为它的外形像对剖的葫芦瓢，所以称为古瓢琴。琴声幽雅如山风，节奏轻快，古瓢琴的弓毛和琴弦都用棕丝做成，具有古色古香的特点。每当节庆之日，苗族同胞便于篝火旁，围圈舞蹈，在古瓢琴的伴奏下，舞步欢畅，尽情欢乐。

花桥上侗族弹奏琵琶的彩画

二、贵州的舞蹈

贵州各民族都有舞蹈的习惯，通过舞蹈表达他们对祖先的敬仰和神灵的敬畏以及对生活的热爱。

长袖善舞的苗族

苗族的舞蹈历史悠久，其所擅长的芦笙舞、板凳舞、鼓瓢舞、木鼓舞、踩鼓舞，动作潇洒，风格淳朴，感情细腻，舞姿活泼。群众喜爱的芦笙舞，历史悠久，技艺很高，跳舞时由数十名青年男子在前面吹笙引导，青年妇女们则跟在后面，踏着芦笙的节拍，进三步退一步，围绕场地循序而进。芦笙舞多在苗族节日时举行。苗族还盛行鼓舞。鼓舞形式复杂，舞姿繁多，具有很高的艺术价值。还有一种板凳舞，一人左右手各拿一张小板凳，相互碰击作为节拍，进两步退一步，在场的其他妇女随节拍翩翩

盛装的苗族

起舞，场面热烈欢快，是为了助兴而表演的节目。鼓瓢舞由青年男子在前面用鼓瓢琴伴奏，女青年则在男青年的领舞下，排成纵队按逆时针的方向跳舞。这种舞蹈琴声悠扬，姑娘动作优雅，给人无穷的美的享受。

翩翩起舞的侗族

侗族舞蹈多种多样，有芦笙舞、多耶、龙喘等。芦笙舞，一般由舞者边吹边舞，有独舞，也有集体舞，不限制参加人数，有时多达成百上千人。芦笙舞活泼生动、舞姿优美，这种舞蹈风格淳朴健康，生活气息浓郁，很受民众喜爱，一般在重大节日或喜庆时举行。如此的大型舞蹈充分体现出侗族人民的团结。多耶舞参加者不限男女，后者单手搭前者背或手牵手，围成圆圈，然后绕行，边唱边甩手为拍，充满团结和睦的气氛。龙喘舞，由青年男女参加，分成两列纵队，先由外向里再从内向外绕行，就像是长龙在舞动，这种舞蹈大多用在祭祀和集会场合。

侗族节日的舞蹈

布依与水族舞蹈

其他民族也非常喜爱舞蹈。布依族舞蹈多达几十种，有织布舞、狮子舞、龙舞、铜鼓刷把舞、花包舞等。表现形式多种多样，生动活泼，深受喜爱。水族的铜鼓舞、斗牛舞、狮子舞、龙舞等亦颇有特色。铜鼓舞，是在原始的一二三舞步的基础上，发展而成的现代运动式舞姿。斗牛舞是水族民众祭祀祖先和喜庆节日时举行的舞蹈，舞蹈时，由两个持竹编牛头的人扮作斗牛，还有5个男扮女装的“姑娘”伴舞，表演时，两头“斗牛”模仿斗牛的动作，惟妙惟肖。

每逢传统民族节日，热情好客的贵州各族同胞就会身着民族盛装，欢聚在青山绿野，跳起粗犷优美的铜鼓舞、芦笙舞、铜鼓舞、花棍舞，唱起婉转动听的山歌民谣，举办摔跤、斗牛、斗鸡、斗鸟等丰富有趣的娱乐活动，令人大饱眼福。

三、音乐的民族

夜郎故地的少数民族尤为擅长民歌，民歌已经成为贵州少数民族进行日常交流的一种形式，无论是白天还是黑夜，悦耳动听的歌声时常会萦绕于耳边。

苗岭无处不飞歌

苗族民歌在苗家山寨中广为流传，歌曲曲调优美圆滑，节奏自由，体裁丰富多彩，有婚恋歌、飞歌、大歌、葬歌、鼓堂腔歌、唱牛腔歌等。婚恋歌常见的有男女对歌、接亲歌、嫁女歌、贺郎歌等。游方歌即是一种用于恋爱的民歌，在游方的时候，男女青年主要通过唱歌来相互认识。飞歌因为唱歌时歌声嘹亮、曲调流畅而得名，是一种抒发情怀的民歌。飞歌的内容没有具体限制，可以用来赞美美好的生活和壮美的家乡；可以用来谈情说爱，诉说情意；也可以迎送宾客，祝福朋友。大歌是一种具有赛歌性质的民歌，其特色是粗犷奔放。小伙子游方的时候，会和其他村寨的小伙子们对歌，对歌的内容广泛，对歌经常会出现旗鼓相当的局面，往往会持续很长时间，所以称为大歌。苗族人民能歌善舞，他们除了在日常生活和劳动之余唱民歌以外，每年的春节、清明、三月三、六月六、七月七和赶集等节庆日子，男女老少都穿上民族盛装，聚集到规定地点唱民歌、跳舞，他们将此称为“赶歌会或赶歌场合”，气氛非常热烈。

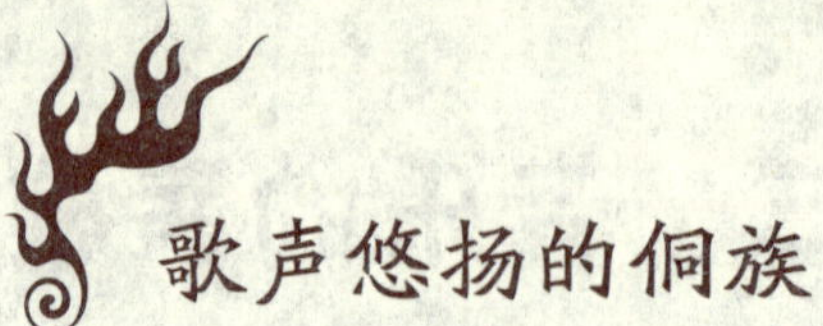

歌声悠扬的侗族

侗族被称为音乐的民族，其民歌发展达到了相当高的艺术水平。在侗族村寨，民歌的作用极为广泛。人们在喜庆节日时唱歌以祝贺；男女青年会通过歌声来寻找自己的意中人；劳动生产的时候，还会有劳动歌；喝酒时还会有酒歌助兴；如果有丧葬祭祀，还可以用歌声来表达悲痛心情；还有用来教育人的劝世歌。可说是无事不歌，无处不歌，无人不歌，民歌已经成为侗族历史中不可缺少的一环。

侗歌种类繁多，以演唱形式分，有大歌、踩堂歌、琵琶歌、牛腿琴歌、河歌、山歌、拉山长号、祭祀歌等；以内容分，有古歌、情歌、知识歌、劝世歌、悲歌、颂歌、礼貌歌、说理歌等；按地区分，可以分为南部侗歌和北部侗歌两部分。其中大歌的艺术价值和民族特色最为突出，大歌不仅内容广泛，且具有其他民歌所不具备的多声部合唱的特色。

在侗族的诸多歌曲中尤其以大歌最为著名，发展水平也最高。大歌一般在比较隆重的场合下演唱，主要流行于贵州南部的黎平、榕江、从江等地区。大歌演唱时，一般是有人先领唱一两句，然后众人随声合唱。大歌的主要特色在于合

侗族大歌

声，其合声有和声的成分，也有对位的成分。从音程看，有大三度、大小三度（以小三度为主），也有纯四度、纯五度，偶尔也有大六度和小七度之分。黎平肇兴、皮林、岩洞、洞口和从江龙图、贯洞、增冲、信地等侗文化中心区的歌，基本上是二部合声，但也有少量的三部和四部合声。各部旋律不同，主旋律在低音部，高声部多为派生旋律。如此复杂的和声音乐，不要说在中国传统音乐从来没有出现过，即使是在西方也是在近代才出现。也正是因为大歌有如此复杂的复调及和声，才产生了悠扬洪亮、开阔畅朗的效果，其宽广的音域，复杂多变的音色，缓急有序的节奏，和谐完美的和音，给人们充分的美的享受。

大歌的种类也非常丰富。一种被称为“鼓楼大歌”，侗语称“嘎得楼”。此类大歌内容多是抒情的成分，形式为男女对唱，地点一般在鼓楼，场合多在“月也”，即集体社交的时候。第二种是谐声大歌，这种大歌的歌词比较短，无深意，声调多为模仿虫鸣鸟叫，声音复杂多变，基本上是一首词一个曲调。谐声大歌一般穿插在鼓楼大歌中，能起到调节气氛、活跃场面的作用。第三种被称为叙事大歌，这种歌一般比较长，并且有一定的故事情节。著名的叙事大歌有《珠郎娘美》、《莽岁流美》、《元东》等。第四种被称为礼俗大歌，主要是农历二月间祭祀祖母神的时候，人们手拉手或手搭肩踩堂时所唱的歌曲，因此比较正式和庄严，另外还有一种是外寨客人来，主人拦路时所唱，这时便体现出活泼、轻快的色彩。第五种是童声大歌，系儿童游戏时所唱，歌词相对比较短，节奏也明快，曲调欢畅，为儿童所喜爱。最后还有一种是戏曲大歌，主要是在表演侗戏时，在开场和结束时大家一起唱这种歌。

侗族唱大歌的主要场合是在月堂。侗族青年男女集体走村串寨时有唱大歌的传统习俗，每当有客人来访，主寨青年人会以农具等挡住去路，然后牵手以阻拦客人。客人必须唱礼俗大歌数首后才可以人寨。招待客人饮酒吃饭之后，在鼓楼内点上炭火，开始对歌，主客歌队由歌师带领，围火对

侗族大歌表演最少要三个人

唱。他们都非常卖力，各显本领，力求在对歌中胜过对方，所以整个过程高潮迭起，气氛热烈，往往通宵达旦，以至于最后不得不由寨中年长者出面相劝才停止对歌。

唱大歌需要扎实的基本功，须由歌师传授并长期训练后才能掌握要领。侗族人民一般自小便开始学歌，到成年时唱歌的技艺已经非常成熟，只有在熟记了传统曲目和唱段，又具备了随机应变的能力后，才能出寨作客比赛唱大歌。村寨里一般都有传授唱歌技艺的人，称为歌师。歌师既是歌队的组织者和领导者，又是歌队的教练和导演。歌师的要求比较高，他们必须自己首先是优秀歌手，经验丰富，技艺高超，嗓音过人，还要精通各种曲调和唱法，掌握大量曲目和唱段，并能创作和编写歌曲，熟练掌握各种乐器演奏技法。因为往往代表村寨出去领唱大歌，所以为人也要作风正派，处事公道，循循善诱，堪为师表，可见成为一名歌师并非易事，他们往往是本寨甚至本地区最有民族文化知识的人，享有很高的声望。他们实际上是侗文化的传播者，为侗文化的传播作出了杰出的贡献。

踩堂歌是侗族人民的一种边歌边舞的群众性艺术活动。举行活动时，参加的人手拉手或手搭肩围成一圈，有节奏地踏步，缓步行走，身体随着脚步的起落而摆动。踩堂歌的音

乐旋律比较简单，一般只有上下两个乐句。歌词由一人或两人领唱，众人只重复短句歌词末尾的三个音节，或只唱“耶哈耶”、“呀罗耶”这些衬词。有的地方的踩堂歌分为进堂歌、转堂歌和散堂歌三部分。进堂歌是踩歌堂时最先唱的一些歌，以告诉客人踩歌堂已经开始。转堂歌的内容十分广泛，有叙述侗族祖先来历的，有叙述时令变化和农活安排的，也有表达男女爱慕之情的，还有祝贺、赞颂各种人物和事物的。散堂歌是踩歌堂活动快要结束时唱的，用以宣告踩歌堂活动的结束。踩堂歌，不论从歌词的文学内容、音乐的旋律特征，还是从演唱形式和整个活动方式来看，可以说是侗族文化中保留的最古老形式，它的产生可能早在侗族原始氏族公社前期时就已存在。踩堂歌是集体劳动的产物，是在人们联合起来与自然抗争的过程中产生的歌舞，因此是用来组织劳动、鼓励劳动的手段之一。

庄重大气的布依歌

布依族也喜欢唱大歌，大歌一般在招待客人和劝酒的时候出现，歌曲庄重舒缓。布依族大调音域宽且旋律急剧跳动，整个音乐体现出布依族热情豪放的民族特性。布依族青年还喜欢唱一种好花红调，这种民歌虽然结构比较单一，曲调也比较简单，但是旋律优美动听，且在演唱时可以即景生情，随意而发，所以很多布依族青年男女通过唱好花红调来谈情说爱。

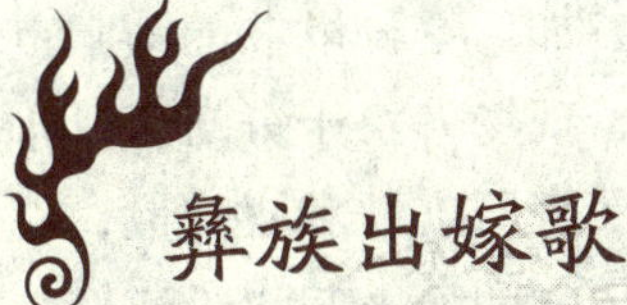

彝族出嫁歌

彝族的出嫁歌比较出名，出嫁歌在举行婚礼时演唱，在

新娘未出娘家门以前，由送亲的姑娘和媳妇们轮流歌唱。这种歌曲的内容和曲调都比较丰富，可以根据不同的情景采用不同的形式。出嫁歌演唱的时候特别能够流露真情，因为演唱者都是送亲的姑娘和媳妇，媳妇们想起自己出嫁时的情景，触景生情，真情流露；姑娘们也快到了出嫁的年龄，将要离别故土，所以唱得特别动情，听者也会深深地被打动。而新娘在离开家门前也要唱出嫁歌，往往会唱的一家人泪水涟涟，泣不成声，场面至为感人。当然，喜庆的气氛还是主要的。

在街上对歌的彝族青年男女

以歌说事的水族

水族民歌相当丰富，主要有双歌、蔸歌、单歌、调歌和诘歌等，其中以双歌最具特色。双歌以组为单位，分歌前说白和主体吟唱两部分。说白往往是叙述一则小故事，用以介绍吟唱部分的主要内容。双歌一般在热烈庄重的酒席间演唱，可以有数人甚至在场的所有人参加。这种歌曲的演唱范围比较广泛，可以比较自由地发挥，现场气氛十分活跃。水族的诘歌比较有特色。诘歌的内容具有历史性和哲理性，一般由德高望重的老者演唱，并且逐步由调解民间纠纷演变为一种民间娱乐形式。

四、山野梨园民族花

贵州戏剧具有浓厚的地方和民族特色，主要形式有侗戏、布依戏、地戏和傩戏。

侗戏

侗戏是在侗族说艺术——叙事琵琶歌的基础上，吸收其他剧种的因素而形成。传统侗戏主要是反映侗族人民的生活，也有从汉族文学中改编和移植的。其中以爱情题材居多。主要剧目有《珠郎娘美》、《三郎五妹》、《芒岁流妹》、《梅良玉》、《梁山伯祝英台》、《凤姣李旦》等。演出形式简单，重唱不重演，不分场次。用锣鼓音乐闹台后，由两位演员走到台前自报家门，然后一人先唱，另一人答唱，每唱完一句两人走横八字交换位置再续唱。主要曲调有平板、哭板、仙腔等。音乐多用“征”、“宫”两种调式。主要伴奏是二胡，还有锣、鼓、钹、铃、琵琶、牛腿琴等。戏装一般用侗装，分古装和时装。现代侗戏已经有了较大改革，更加贴近现实的生活。

布依戏与地戏

布依戏和地戏都是布依族喜闻乐见的戏剧形式，其中布依戏流传最广，已有 200 多年历史。布依戏每个戏班有 30

多人，演员有生、旦、丑、大王、武将等分工。伴奏有锣、鼓钹、二胡、月琴、箫、笛、木鱼等。以布依语演唱，以汉语道白对话。剧目有本民族传说故事和移植汉族传统剧目两类。

地戏，主要是因为在平地演出，不需搭台布景而得名。民间传说地戏是向其他兄弟民族学来的。戏班都是农民业余组成，一般以村寨为单位。能组织起戏班，并在农闲节日里走村串寨演出，是生活富足的表现，所以群众很支持。演出时演员着戏装，面具戴在额头上，面具下面挂一块黑纱布遮住脸。武将头插野鸡翎，背戴背靠和小旗。面具用杨木雕刻而成，涂上颜色后画成各种人物脸谱，有胡须的人物还装上胡须髯口，形象十分生动逼真。有打击乐和管弦乐伴奏。剧目题材多取自《说唐》、《岳飞传》、《杨家将》等历史小说故事，用布依语演唱。有关专家学者认为地戏起源于古代的“傩”，是戏剧艺术的“活化石”。每当布依戏和地戏演出时，观众拥满场地周围的空地山坡，足见其被群众喜爱的程度。

奇异的傩戏

傩戏是由傩发展来的。傩是一种极古老的迎神驱鬼的仪式，举行傩仪式时，要跳傩舞，傩舞源于原始巫舞，特点是舞者戴面具，手执各种兵器，表现捉鬼驱鬼的内容。随着时间的推移，傩的性质从单一的驱鬼祈福逐渐向娱乐性转化，出现了表现劳动生活和传说故事的节目，并且融合了人们祈求幸福的美好愿望和戏剧的表演模式，从而最终发展成为风格古朴的戏剧形式，称为“傩戏”。

傩戏在贵州有广泛分布，侗族、布依、仡佬、彝族等都有傩戏。贵州傩戏包含从驱鬼到祛灾、避难、镇邪、占卜、治病、求子、求寿、祈财、纳吉等世俗生活的诸多方面。铜仁地区的傩戏比较发达。这儿傩戏大多在秋收以后至次年春

耕以前这一段农闲季节举行。一次傩事长的达7天7夜，短的则3天3夜。分为开坛、开洞和息坛三个阶段。担任演出的傩戏班称为“坛”，每坛有6~12名演员，称傩戏先生；主持者则称为长坛先生，人员为1名或2名。演出内容包括了傩仪、傩戏、傩舞、傩技等因素。演员们要用唱、白、跳、翻、滚、跃、打等表现手段，表演驱邪祈福的种种内容，同时还要渲染出神秘恐怖的气氛以感染观众。傩堂戏的风格可概括为粗犷古朴，但又各有其地域、民族乃至本坛的特色。

被学界称为“戏剧活化石”的傩堂戏，现在在贵州少数民族居住的广大农村中仍然很活跃，傩戏已经不仅是当地文化生活中的重要内容，更成为一项富有魅力的人文景观，吸引着海内外的旅游者纷纷前来。

黔东傩堂面具

第六编
来，到夜郎去！

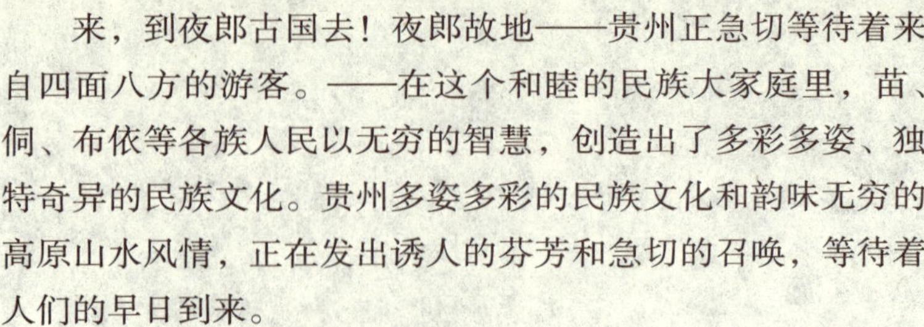
来，到夜郎古国去！夜郎故地——贵州正急切等待着来自四面八方的游客。——在这个和睦的民族大家庭里，苗、侗、布依等各族人民以无穷的智慧，创造出了多彩多姿、独特奇异的民族文化。贵州多姿多彩的民族文化和韵味无穷的高原山水风情，正在发出诱人的芬芳和急切的召唤，等待着人们的早日到来。

一、以贵州龙为代表的古生物古人类文化游

贵州被誉为古生物王国，由此衍生的古生物古人类文化就极为丰富，其中“贵州龙”遗址和其他人类文化遗址不仅具有珍贵的学术科考价值，还颇具旅游价值。

“贵州龙”

“贵州龙”就具有很高的科研和欣赏价值，它是分布于我国贵州的一种极为珍贵的古生物化石，拉丁文名为Keichousaurus。贵州龙化石是胡承志先生于1957年在贵州省兴义市顶效镇绿荫村发现的，并经杨钟健教授鉴定为蜥鳍目、肿肋龙亚目、贵州龙科，确认为一新种属，命名为“胡氏贵州龙”。

贵州龙形状很像后来出现的蛇颈龙，它小脑袋，长脖子，身体既宽又扁，体长约几十厘米。从化石来看，贵州龙四肢仍保留趾爪，能像鳄鱼一样匍匐前进。它能够在海洋中自由游泳运动，并且大部分时间生活在水中，宽大的脚掌和细长的尾巴很适于在水中生存，靠捕食一些小鱼和其他小型

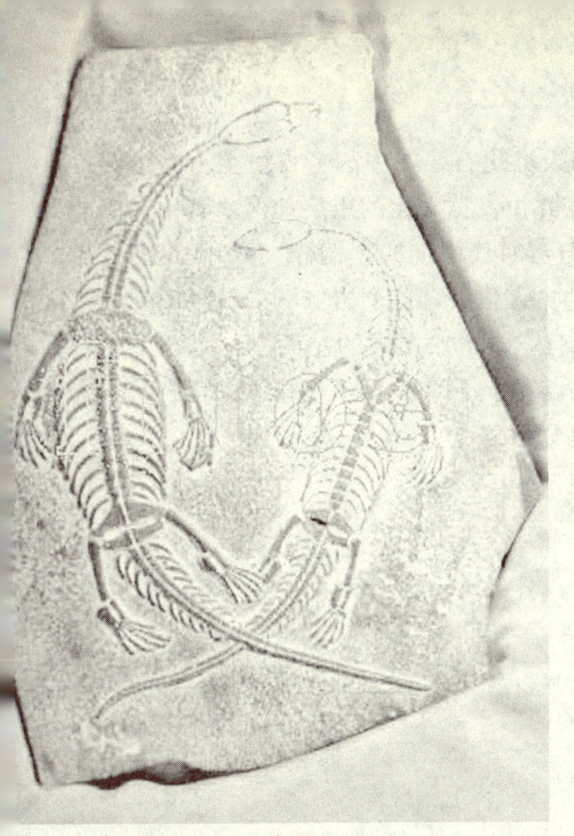

◎贵州龙化石

水生动物为生。

贵州龙的生存年代极为久远，大约在2亿2500万年前的中生代三叠纪，比恐龙还早近1亿年，但在中生代末期先后绝灭。它是我国唯一的三叠纪海相地层中，同时含有爬行动物和鱼的脊椎动物化石组合，在亚洲尚属首次发现，具有十分重要的科学研究价值。

因为贵州龙所具有的独特价值，它曾经成为走私、倒卖者的猎取对象。现在当地政府已经制定了相应的保护法规，并划定了贵州龙保护区，对开展以贵州龙为代表的古生物古人类文化游提供了便利的条件。

著名的贵州龙自然遗址公园坐落在贵州兴义市顶效经济开发区内，交通便利，同时距云南石林、贵州黄果树瀑布仅100余公里，是国家重要西线旅游的中转站，具有突出的区位优势和丰富的旅游资源。因此，积极开发贵州龙古生物文化游具有得天独厚的先天优势。

人类文化游

另外，在贵州的古遗址中，珍贵的旧石器时代文化遗址尚有留存，其中观音洞旧石器遗址和“桐梓人”、“水城

人”、“兴义人”等的人类化石，在中国考古史上占有重要的一席之地，也成为探究古人类文化的重要地区。其中在桐梓县岩灰洞发现的旧石器时代中期的“桐梓人”牙齿化石，是我国南方发现最早的古人化石。这个岩灰洞处在半山腰之中，洞宽达 150 米，高达 80 米。在洞的左面有一个狭小的支洞。1974 年，考古学家在此洞中发掘了桐梓人的化石，岩灰洞由此而成为省级文物保护点。

二、以奢香墓为代表的土司文化游

贵州历史上土司势力庞大，统治贵州多年，给这片土地留下了大量不可磨灭的土司文化遗迹。其中大方县的奢香墓最具文化和欣赏价值。

大方奢香墓

奢香（公元 1368~1396 年）是明代贵州著名的彝族女土司。据考证，她是元末永宁且蔺（今四川古蔺）奢香氏的女儿，彝族恒部祖先穆阿卧的后裔。奢香深明大义，维护国家统一和稳定，奢香墓成为贵州土司文化的杰出代表，为全国文物保护单位。

大方奢香夫人像

明朝初期，思南田氏、思州田氏、播州杨氏和水西安氏为当时贵州境内四大土司。在这四大土司中，统治现在贵州西北一带的水西土司与明王朝关系最为密切。洪武四年即公元 1371 年，

水西霭翠归附了明王朝，朱元璋将其和水东宋氏（统治地在今开阳）合为贵州宣慰司，任命霭翠、宋钦分别为正副宣慰使，在贵阳设治，朱元璋还特令霭翠职位高于其他宣慰。在明军进军云南时，朱元璋还一再告诫他的将士们，进军途中不得骚扰霭翠的辖境。霭翠也知恩图报，向明王朝不断地朝觐贡纳。

1382 年，已是贵州宣慰使的霭翠娶了 14 岁的奢香，相传她高大美貌，能文能武。但不幸的是，霭翠不久就在一场战斗中牺牲，奢香便替代丈夫掌握了贵州宣慰司的统治权。但当时贵州都督马晔居心叵测，企图使霭翠的政权反叛明朝，他乘机出兵镇压，以邀功请赏，所以不断地寻机滋事，以达到逼迫奢香反叛的目的。这些挑衅行为自然会引起奢香部属的激烈反抗，一场危及国家统一和稳定，破坏水西地方发展的武装冲突已迫在眉睫。但年轻的奢香深明大义，为了顾全大局，她忍辱负重，约束部下，制止了事态的发展，并于明洪武十七年（公元 1384 年）亲自到南京向明太祖朱元璋告发马晔，并表示愿意为朝廷效力。朱元璋于是召回马晔并将其关入狱中，贵州才告安定。

奢香返回贵州后，率领水西各族群众，开通了偏桥（今施秉）到达乌蒙（今云南昭通）和由偏桥北达容山（今湄潭）、草塘（今瓮安）等通道，并在水西境内设立龙场、水西、阁雅、威清、谷里等 9 个驿站。奢香还送她的儿子到南京国子监读书，朱元璋为奖赏其贡献，恩赐其安姓。奢香夫人领导民众开凿的这些道路，连接了湘、黔、川、滇四省，对增进西南地区各民族的交往，促进西南地区经济文化的发展，沟通内地和边疆的经济文化交流和维护祖国的统一和稳定起了积极的作用。

然而，天妒红颜，1396 年奢香夫人不幸去世，年仅 28 岁。朱元璋派遣特使前去祭奠，赐“顺德夫人”称号，以表彰其功绩。奢香墓在大方县，其石刻、墓葬、园林艺术都具有很高的价值。

土司文化游

土司文化遗址尚有更多杰作。在黔北的播州土司，建有军事要塞海龙屯，至今整个屯子的城墙、道路和城堡仍保存尚好。海龙屯是土司杨氏统治播州的最后一个据点，明代杨氏土司曾据此反叛朝廷，后被朝廷剿灭，攻破海龙屯，播州土司也寿终正寝。播州土司杨粲的墓葬，更是迄今为止国内宋代墓葬中石刻最多、工艺精致和规模最大的墓葬。土司庄园有水西安家的大型民族建筑群大屯土司庄园以及兴义下午屯刘氏庄园，后者为近代军阀所建，融合中外建筑风格，风格独特。

遵义杨粲墓出土石刻进贡人

三、以修文阳明洞为代表的阳明文化游

王阳明被贬贵州是其个人和国家的不幸，然而贵州却因为王阳明的到来而得益良多。王阳明在此生活和修行，其生活古迹及贵州人民为纪念他而兴建的建筑，更加上他留给贵州人民丰厚的思想，构成了贵州深厚的阳明文化。

修文阳明洞因中国明代著名哲学家、教育家王阳明先生被贬谪到龙场（今修文县城）时，曾经在此洞居住过并悟出“知行合一”、“致良知”等重要思想及写出一些脍炙人口的散文名篇而得名。此洞位于修文县城东 1.5 公里的栖霞山上，洞旁现存清代建筑数座，石刻题咏甚多，现为省级文物保护单位。

王守仁，浙江省余姚市人，世称“阳明先生”。王守仁为人刚正不阿，因为反对宦官刘瑾弄权，被贬谪为龙场（今修文）任驿丞。到了龙场后，居无处所，在一天然溶洞内埋

修文阳明洞

头研究《易经》，洞因此后来被称为“玩易窝”，也是一名胜。后来，王守仁又在龙岗山山腰一洞内栖身，就是后来被称为“阳明洞”的古迹。当时洞内阴湿，于是当地人在洞口右下方盖了一处屋，王守仁以“君子居之，何陋之有”，将其命名为“何陋轩”。后来又在洞口左上方修建一小亭，亭子四周栽些竹子，王守仁以竹子具有“君子之德”，将亭命名为“君子亭”。王守仁在谪居龙场3年期间，潜心“悟道”，悟出了他著名的“心即理”和“知行合一”学说，并萌发“致良知”思想，为其后成为著名哲学家奠定了基础。他离开龙场后，贵州宣慰使安国享亲笔书题“阳明先生遗爱处”，镌于阳明洞口崖壁上，迄今完好无损，备受世人珍惜。

王阳明画像

王阳明深受贵州人民爱戴，各地人民都慕名前往修文祭拜，或者面向修文遥拜。贵阳人后来干脆在贵阳城东扶风山麓上修建阳明祠，就近祭拜。阳明祠内风景绝佳，林木葱茏，桂香四溢，曲径回廊，清幽宜人。祠内还有众多的石刻碑记及王阳明先生朝服线刻大像。另外，祠内左右两壁还镶嵌有王阳明先生的《训士四条》和《论语四条》木刻。殿堂中有王阳明先生汉白玉坐像，两侧有王阳明亲手所书木刻对联：“壮思风飞冲情云上，和光春霭爽气秋高。”殿堂外的碑廊有王阳明先生手书的《矫亭记》和家书文稿及燕服画像。此外，还有清代学者莫友芝、何绍基等人游览祠堂题咏的诗文及捐资修建人员名册石刻，是贵阳市现存的碑刻精华，也是极其珍贵的历史文物。

王守仁留给贵州人民的不仅仅是几处建筑遗迹，更重要

的是他的传经授道和民族政策。王阳明先后在龙场的龙岗书院和贵阳的文明书院聚徒讲学，使闭塞落后的贵州从此人文蔚起，风气大开，后来贵州监察御史赵锦将龙岗书院改建为“王文成公祠”以怀念他的功绩。对于多民族聚居的贵州来说，王守仁处理民族关系的策略更为值得称道，受到各族人民包括贵州上层人士的信赖与欢迎。在著名的《瘗旅文》中，他谆谆告诫外来者，“你就安心居住在你该住的地方吧，别给这里的村落造成祸害啊！”他与彝族土司贵州宣慰使安贵荣十分友善，曾两次致书安贵荣，嘱其以大局为重，不要撤掉驿站，以免引火烧身。他还受安宣慰之托，撰写《象祠记》。《象祠记》与《瘗旅文》后来都被收入《古文观止》，成为千古绝唱。

四、以安龙十八先生墓为代表的南明文化游

南明永历皇帝朱由榔曾经在安龙建陪都四年，留下了许多遗址、遗迹、墓葬和文物，其历史和各类遗迹、墓葬构成了独特的南明文化。南明十八先生墓，为南明永历朝廷廷臣吴贞毓等 18 人殉难处，地址在安龙县城内西北天榜山下马场坝旁，是全国目前仅存的南明王朝遗迹。

当清兵入关后，明朝江南诸王曾先后建立 4 个政权，但都相继被清兵消灭。公元 1646 年，桂王朱由榔即位，并于次年改元永历。由于清兵的强大攻势，永历朝廷颠沛流离于粤、桂、湘、黔四省。公元 1652 年，从广西迁至安龙县城。但奸臣孙可望逐渐滋长割据野心，危及政权。于是朱由榔谋划召李定国统兵入卫，以制约孙可望。不幸计划泄漏，孙可望反戈一击，派遣他的心腹将大学吴贞毓、兵科给事张镌、翰林院检讨蒋乾昌、翰林院检讨李元列、吏部都给事徐极、大理寺少卿杨钟、太仆寺少卿赵赓禹、光禄寺少卿蔡演、武安侯郑允元、江西道御史周允吉、御史李

安龙十八先生墓

颀、福建道御史胡士瑞、武选郎中朱东旦、中书任斗墟、中书易士桂、司礼太监张福禄、司礼全为国等人缉捕起来，后以“盗宝矫诏，欺君害良”诬陷十八人，处以死刑。临刑时，诸人神色不变，从容就义。十八勇士就义后，遗骸合葬于北关马场坝。

十八先生墓墓区大约 4000 多平方米，墓园依山势逐级向上，墓前是一座 4 米多高、6 米多宽的石牌坊，上刻松、梅、竹、兰等图案。牌坊横楣分刻“成仁”、“取义”、“岿然千古”八个大字。十八先生墓直径 2 米，封土高约 25.5 米，呈圆形。墓前有小石坊一座，额题“明十八先生墓”。墓后有十八先生祠，东、西厢配殿为硬山顶，正殿为歇山顶。墓区陈列修复中出土的“明十八先生成仁之处”。殿后山麓下，多节亭亭后石壁中央，有光绪九年（公元 1883 年）兴义府知府余云焕补刻的“十八先生成仁处”大字；亭右岩畔有粉墙青瓦长方形建筑“虚舟”。亭下有石栏围护的小池，一泉从石罅中流出，池水澄碧如镜，泉口石壁镌刻“忠泉”二字。

公元 1658 年，朱由榔移居昆明，念及十八人侠肝义胆，派遣使者到安龙为十八人树碑。朱由榔亲笔题写了“明十八

十八先生墓碑刻

先生成仁之处”9 个大字。公元 1795 年，始建十八先生祠。公元 1849 年清代知府张瑛重修十八先生墓和祠，张瑛是清代名臣张之洞之父，张之洞也曾在此生活过一段时间，还创作出他的名作《半山亭记》。

五、以红岩天书为代表的神秘文化游

在贵州古文化遗址中，有无数的历史难解之谜。其中位于贵州省安顺关岭布依族苗族自治县的晒甲山上的红崖古迹，就被誉为“黔中第一奇迹”，被认为是千古之谜，享有“红岩天书”的美誉。

红岩天书

红岩碑是一块长达百米、高30多米的天然石壁，上面有一组若字若图，非镌非刻，非阴非阳，竖不成行，横不成列，大小不一，结构奇特，笔画古拙难辨的赭红色遗迹。自清代以来，中外学者就开始了对红岩之谜的考察和研究，掀

黄果树瀑布

起一次又一次的破译热潮，有的人认为这是人工所为，有的人认为是自然生成，但至今没有一种令人信服的解释和定论。红崖古迹逐渐被称为“红岩天书”，成为名噪中外独具魅力的千古之谜，令不少中外有志之士心驰神往、费心考证，其所在地安顺人民政府还悬赏百万，求解红岩天书。

“红岩天书”距黄果树大瀑布约 7 公里，千古之谜与旷世美景相映生辉，人文景观与自然景观相映成趣，举世闻名的黔中两大奇观比肩相邻，爱好旅游者不可不去一睹真面貌。

此外，贵州还有众多的历史之谜等待着人们的进一步探索。被称为“夜郎”的贵州，至今仍未能找到夜郎王墓的地址，这样一个长时间生存的政权的政治中心究竟处在何地也就无从谈起。史称，汉武帝曾赐夜郎“夜郎王印”，至今也仍未现世，不知所终。

陈圆圆墓之谜

一代佳人陈圆圆，曾激起多少历史风云，令人唏嘘不已，她最后的命运和归宿，由于史料上没有确切的记载，许多年来众说纷纭，至今还是疑案一桩。这样一个人物本该与贵州无瓜葛之处，然而在岑巩却出

陈圆圆像

现了陈圆圆墓，考其真伪，竟也找出诸多吻合之处，究竟是真是假，令人实在疑惑。在岑巩县水尾镇马家寨狮子山上，有一座古墓，确切说是一座土堆，这便是人们所说的陈圆圆墓。墓前有一块 3 尺高的石碑，中间阴刻有 11 个楷体字：“故先妣吴门聂氏之墓位席”，旁边刻有“皇清雍正六年岁次戊申仲冬月吉立”，立碑人上书儿子吴启华、孙子吴仁杰等。而且马家寨的人并不姓马，而是全都姓吴，并且世代自称为吴三桂之后。据一位吴姓老人讲，吴三桂反清后曾在湖南称周帝，快要落败的时候，军师马宝暗中护送陈圆圆及吴三桂的儿子吴启华到岑巩鳌山寺避难。康熙二十四年吴启华下山定居，为了纪念马宝的恩情，同时为避清廷的搜捕和诛杀，于是就把居住的寨子称为马家寨了。但迄今为止，最后的结论还没有得出，不敢妄下结论，我们期待着专家学者们早日揭开此谜。

无独有偶，另一历史名人，被称为唐代诗仙的李白竟也被指葬在贵州，即桐梓县夜郎坝的太白墓，本书前边已有描述。自前这也是不解之谜。

贵州历史上留下的诸多谜团，构成了独特的神秘文化，这片夜郎故地究竟埋藏了多少秘密？历史上的风云激荡都已归于沉寂，唯有留下这种种不解之谜等待着我们去探究和破解。

苗族岩洞葬

苗族岩洞葬大多把灵柩放置在离地二三十米高的悬崖之上或天然溶洞之内，主要流行于惠水、龙里、都匀、罗甸等地。通过考古鉴定，这些灵柩从魏晋南北朝起到明清为止，其中以唐宋到明代为多。岩洞葬中几个大型的葬群分布在惠水摆金、长顺交麻、都匀石龙和平坝等地。其中位于惠水摆金长寨村石头寨的岩洞葬，棺材多而完整。洞穴为东西向的

一个穿洞，洞底有一条小河穿过，常年流水不断。洞内的棺材系附近赵氏的祖茔，洞中的祖先多达上千人。有的棺木盖子用石灰绘制牛、马、猪、狗、鸡等粗线条的图画装饰。陪葬品有耳环、手镯、披肩、芦笙、唢呐、箫笛、陶器、木器和五谷等。石头寨棺材洞中的棺材虽历经百年，却保存得相当完好。究其原因，一是此洞系穿洞，空气对流强烈，十分凉爽；二是有一条小河从洞中穿过，调节气温，避免暴冷暴热；三是位置险要，位于悬崖峭壁，人迹罕至，极少有人入内破坏。苗族岩洞葬中棺木的放置，均为头东脚西，表现出某种信仰。

六、以侗族鼓楼为代表的民族建筑文化游

侗族鼓楼

漂亮的鼓楼

在侗族地区，鼓楼是整个村寨的标志，是村民心目中神圣的地方。侗寨的鼓楼是公共建筑。鼓楼还是侗家房族的标志，一般一个村寨有多少个房族就有多少座鼓楼，它是全族议事、集会、娱乐、休息的场所。

鼓楼是侗族建筑技艺的集中体现，整个建筑雄伟壮观，结构严谨，工艺精湛。鼓楼多为全木结构，建造巧妙而富有美感。鼓楼有厅堂式、干栏式、密檐式等多

仰望鼓楼

种。无论何种鼓楼，一般都分上、中、下三个部分。上部为顶尖部，用一根长约3米的木柱或铁柱立于顶盖中央，并套上由大到小的5~7颗陶瓷宝珠，使顶尖部成葫芦形，犹如塔尖，凌空而立。顶盖是绚丽多彩的楼顶，多为伞形。顶盖形状有四角、六角或八角。顶盖下斜面的人字格斗拱，像蜂窝百孔窗，其周围木雕像燕窝垒泥点，工艺精巧，造型别致。中部是一层层的叠楼，形状似我们常见的宝塔楼身。楼檐一般都是六角形，也有比较简单的四角或更加复杂的八角。每个檐角均为翘角，层层叠叠，重檐而上。从上而下，一层比一层大。整个鼓楼主体以四根粗大笔直的长杉木为主柱，从地面直通楼顶，极为壮观。楼内或雕塑，或绘画，鱼虫鸟兽，栩栩如生。下部是坚固、宽敞、实用的楼底，多为正方形，四周有宽大而结实的长凳，可供人歇坐。中间是一个圆形大火塘，由各户轮流供柴生火，夏驱蚊虫，冬可取暖，到时侗族民众聚于此，或商讨族中大事，或娱乐休息。鼓楼是全寨人集会议事、订立款约、处理地方重大事情的地方，也是寨上重大节日、歌会、芦笙会、演戏等文娱活动和迎宾送友之场所。

鼓楼一般由侗族能工巧匠自行设计，由各村寨群众出工出料，集资筹建，自行建造。整个建筑没有图纸，数百上千根梁、枋、柱的尺寸全凭经验和心中计算。这种能工巧匠遍

布侗乡，尤以贵州黎平、从江等地为最多。现在北京、深圳等地为开发民族风情游而新建的侗族鼓楼，很多都是到黎平等地去请的工匠。

贵州侗族地区侗寨鼓楼的数量很多，例如从江、黎平等地。比较著名并造型独特的鼓楼有从江增冲鼓楼、信地鼓楼，黎平肇兴鼓楼群、纪堂鼓楼、独柱鼓楼等，其中黎平肇兴鼓楼群，一个寨子就有 5 座雄伟壮观的鼓楼，而从江县的高千寨鼓楼则最高，有 15 层，并且整个建筑不用一钉一铆，全部用榫槽衔接。

现在人们已经认识到鼓楼的价值所在，在鼓楼集中的黎平地区，当地已经设立了“中国侗族鼓楼文化艺术节”，在节日期间演出大型侗族歌舞，举行侗族大歌音乐会和特色浓郁的抢花炮、对歌、祭萨、抬官人等传统活动。艺术节除了考察独树一帜的侗族鼓楼、举办侗族大歌音乐会、“抢花炮”比赛外，后来还举行侗族大歌国际学术研讨会。黎平正是当年红军长征途中召开“黎平会议”的所在地，正在利用开发当地独特的侗族风俗旅游资源。

鼓楼中央木柱

其实，鼓楼不仅是精美的建筑艺术，而且在侗族人民的生活中有着重要的作用。按照侗族的习俗，每一族姓都要建一座自己的鼓楼，因此族姓多的村寨里鼓楼就多。贵州省黎平县启兴寨就建有 5 座大小、

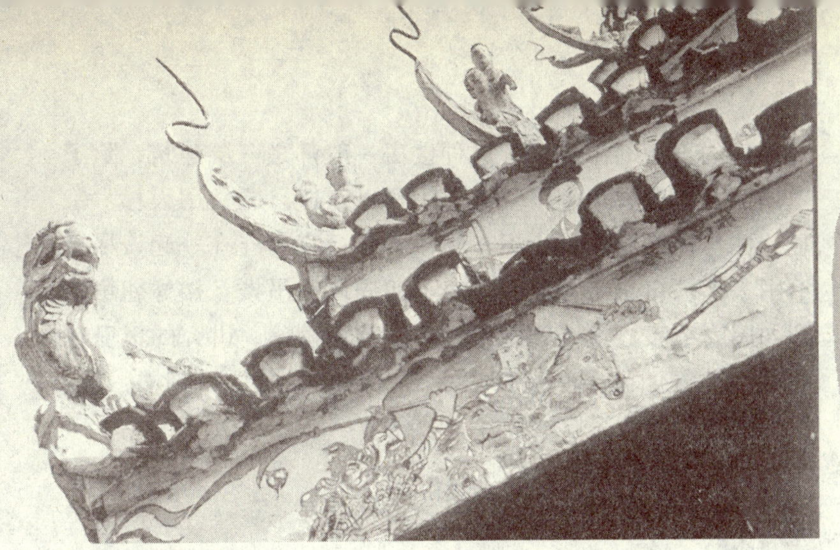

鼓楼的檐角

样式各不相同的鼓楼。5 座鼓楼恰如 5 朵荷花，分布在仁、义、礼、智、信 5 个自然寨。每座鼓楼的高低、装饰，都体现着这个家族的审美观念、志趣和愿望，因此人们都为本族鼓楼的高大雄伟或装饰的豪华精美而引以自豪。

侗族花桥与吊脚楼

侗族村寨的另一著名的公共建筑是花桥。花桥是侗族建于河溪之上的特有建筑物，与鼓楼有异曲同工之妙，除了石砌墩以外，都是用杉或其他木材做建筑材料。桥面的楼、廊、柱、枋，都不用钉铆衔接。花桥既是便利行旅的桥梁，又是供人避风躲雨的地方，所以又称“风雨桥”。从结构上讲，花桥可以分为亭阁式和鼓楼式两种。桥面上有亭阁式建筑的是亭阁式花桥，这种花桥在侗族地区是比较常见的。在比较宽阔的河面上，往往在大桥长廊上加盖 3 至 5 层的四檐四角的鼓楼式建筑，这便是壮观的鼓楼式花桥。花桥布局严谨，工艺精湛，雄伟壮观，充分显示出侗族人民的智慧和独特的建筑风格。

除了鼓楼和花桥这种公共建筑外，侗族村寨里还有侗族

人居住的美丽的吊脚楼。这种楼房一般都是三层建筑，除了屋顶盖瓦以外，上上下下全部用杉木建造。屋柱用大杉木凿眼，柱与柱之间用大小不一的杉木斜穿直套连在一起，尽管不用一个铁钉也十分坚固。房子四周还有吊楼，楼檐翘角上翻如展翼欲飞。房子四壁用杉木板开槽密镶，讲究的里里外外都涂上桐油又干净又亮堂。不仅侗族人居住吊脚楼，苗、水等民族也居住吊脚楼。

苗族与水族的吊脚楼

苗族的吊脚楼依山而建，后半边靠岩着地，前半边以木柱支撑，楼屋用当地盛产的木材建成。木楼一般分为三层，上层储谷，中层住人，下层围棚立圈，堆放杂物和关牲畜。住人的一层除卧室、厨房外，还有接待客人的中堂，中堂的前檐下装有靠背栏杆，形成一个木制阳台，既可凭高远眺，又可休息聚会。在著名的“千户苗寨”——雷山县西江，千百栋吊脚楼依山势向两边展开，与周围花木交错掩映，层层叠叠，无论远看近看，都觉气象万千。这儿的吊脚楼，都是用枫木搭成，暗红色的枫木板壁在夕阳照射下一片金黄，如果游客秋天来此，可看到屋前屋后的巨大枫木红叶片片，景

吊脚楼

色极为壮观，所以每年都有大批游客前来观光旅游。

水族的吊脚楼也是一种传统的民居建筑，多采用木质的干栏式建筑形式，材料为松、杉等木材。这种楼分上下两层，上层住人，下层喂养牲畜和堆放农具。房屋四周的檐柱到楼层处均伸出“挑手”，铺上木板，安装栏杆作走廊。此外，还有一种特殊形式的“楼上楼”，即在干栏式房屋的基础上，再装点上一间楼房。既是盛夏纳凉、摆家常的地方，又是一个很好的贮藏室。

布依石板房

布依族的民居建筑，多为干栏式砖木结构。但居住在镇宁扁担山区的布依族人家，则是建造“石板房”。其主要特点是，除了横檩是用木头外，其余全都是用方块石或者条石垒砌而成，房顶上面全盖的是石板，连房屋的窗棂也是用石头雕花装饰起来的。

几个少数民族的建筑还有一个共同的特点，就是每个村寨中都有为数不少的公共建筑，例如道路、铜鼓坪、月堂以及村寨的寨门和寨墙等。这些建筑既体现了独特的建筑文化，也透出各个民族的日常风俗文化。

七、以梭戛为代表的民族村寨文化游

梭戛是中国第一座生态博物馆，原封不动地把整座村寨连同其中居民的习俗保存并展示出来。迄今为止，全世界生态博物馆已有 300 多座，其中亚洲的 4 座全在贵州。

梭戛村寨

梭戛生态博物馆保护的主要是长角苗古老独特的风情文化。梭戛社区位于六枝与织金交界处，这儿居住着一个有独特文化的苗族分支——长角苗。在他们之中，存在和延续着一种古老的、以长木角头饰为象征的独特文化。他们过着男耕女织的生活，延续和保留着相当古朴的文化；保持了十分平等的原始民主和丰富的婚丧嫁娶和祭祀礼仪，迄今为止，他们基本保持了在本民族内通婚，家族内不通婚的习俗。婚姻和家族血缘关系，把 12 个村寨牢固地联结在一起，

贵州六枝县梭嘎乡的长角苗姑娘

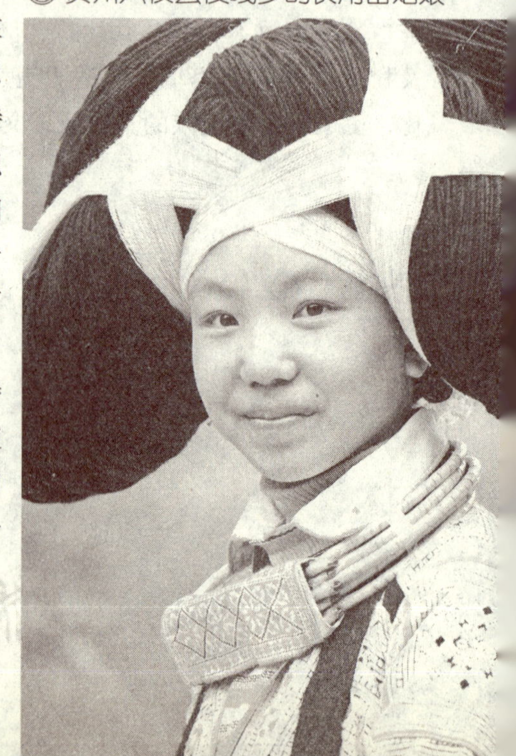

从来没有被割断过；还有别具风格的音乐舞蹈和精美的刺绣、蜡染工艺等。梭戛地区的村寨环境幽静，建筑古朴，习俗奇异，民风淳朴，历来为人们所向往。1998 年 11 月经国家文物局批准，中国第一座生态博物馆——中挪合作项目贵州六枝梭戛生态博物馆在梭戛建立。

千姿百态的村寨

由于贵州独特的地理环境，类似梭戛的民族村寨还有很多，如贵阳的香纸沟布依寨、雷山郎德苗寨、雷山西江苗寨、镇宁石哨布依寨、凯里寨瓦苗寨、清镇黑土苗寨、水城青林苗寨、水城海坪彝寨、六枝坝湾布依寨、安顺娄家庄苗寨等。这些民族村寨各自具有独特的民族文化和生活习俗。民族的服饰、饮食居住、婚礼、丧葬、礼仪等风俗，以及建筑风格等都别具风格。

八、以布依族石板房为代表的石文化游

众所周知，贵州多山。勤劳的贵州人民充分利用当地优良的石料，将其广泛地应用于生产和生活中，创造出了丰富的石文化。其中以布依族居住的石板房最具代表性。

布依族石板房

布依石文化

石板房是居住在镇宁、安顺、关岭、六枝和普定等地的布依族人家利用当地石料创造的一种具有浓厚民族特色的建

筑。石板房的主要特点是，除了横檩是用木头外，住房从地基到四周墙体全都是用方块石或者条石垒砌而成，房顶上面盖的也全部是石板，甚至连房子的窗棂也用石头雕花加以装饰，所以称之为“石板房”。布依族人认为单数属阳，所以石板房一般是3间或5间的单数，这样的房屋才能使生活在阳间的人世世代代安居乐业、兴旺发达。石板房中间是堂屋，面积较大，是全家人的活动中心，是吃饭、待客、休憩和妇女做蜡染的地方。两侧的房屋是卧室、厨房。堂屋正中设有神龛供奉祖先，左右两侧分隔成灶房、寝室、客房。室内设有火坑，供一家聚暖炊薪。不仅房子用石头建筑，整个村寨的寨墙、古堡、道路都用石头构成，形成典型的石头建筑群。甚至连家庭生活用具，诸如碾、磨、钵、槽、缸、桌、凳等等，都用石头制成。部分布依族还在村寨中设有“石菩萨”加以祭祀，成为一种信仰。布依族将石头如此广泛地应用于生活和生产之中，可谓是石文化的代表。

石文化王国

除了布依族石板房以外，贵州其他石文化资源也非常丰富：大量的石牌坊，如贵阳青岩石牌坊、遵义龙坑场石牌坊、兴义鲁屯石牌坊等；贵州最早的摩崖石刻——汉“光武三年”石刻；安顺文庙的透雕龙柱石刻等。如此丰富的石文化资源，贵州堪称“石文化王国”。

九、以苗族服饰为代表的民族服饰文化游

贵州有着艳丽多姿的民族服饰，各少数民族的服饰至少有上百种，不仅款式丰富多彩，制作技艺精巧，而且内涵深邃广博，堪称“无字史书”。它们是各个民族审美观念的体现，凝结着广大少数民族群众的聪明才智。

贵州民族服饰的一大特点就是种类繁多、丰富多彩。不仅各个民族各有自己不同的服饰，而且同一民族中也因支系不同而在衣装穿戴上有一定的差异。例如黔南自治州境内的苗族妇女所穿的裙子，就有长裙、短裙、花裙、素裙、青裙、白裙、简裙和百褶裙等。

各个民族的男装一般都比较简单，而女装则多种多样。女装一般又有便装和盛装之分，便装比较简单，没有花饰或花饰很少，是平时穿用的。盛装花饰很多，非常精美，特别富于传统的民族色彩，鲜艳多姿，只有在新婚、节日集会、走亲访友时才穿。少数民族妇女特别是苗族妇女盛装的制作很费功夫，一般是先分块挑、绣，然后再连缀成套，或是将已做好的各种图案部件分别贴在各个部位。服装一般都比较宽大、厚实，喜欢几层重叠，以显示创作者的挑、绣才能。一套衣裙的制作需要几个月甚至几年的时间，特别是挑花、绣花盛装，全套配齐往往要七八年。一个女孩从小到出嫁也不过有一两套盛装，有的还要留给下一代女孩子继续穿。

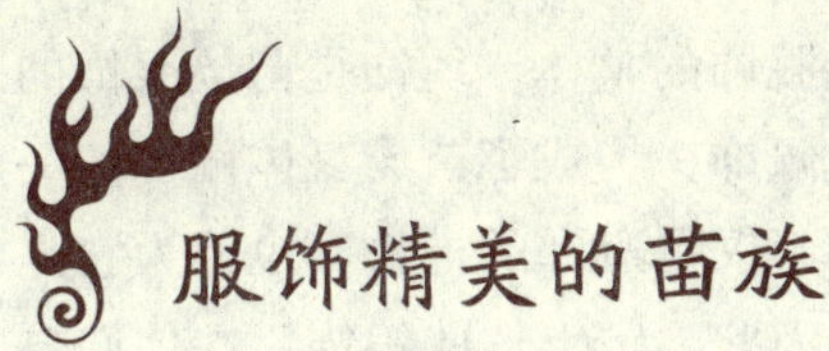

服饰精美的苗族

在整个贵州少数民族服饰中，造型优美、最具特色、最具代表的，主要有以刺绣编织为主的黔东南台江地区的苗族服装，以轻便、单薄为特色的黎平、从江、榕江地区的侗族服装，以蜡染编织为主的镇宁扁担山区和以挑花为主的贵阳花溪一带的布依族服饰等。其他如威宁苗族的毛织服装，以深色编织为主的黔西南的布依族服装，也都具有浓厚的民族特色和独特的服饰工艺。

其中以苗族服饰最具代表性。苗族是一个历史悠久的民族，苗族通过精美的装饰形式，反映出浓郁的习俗风尚和古老的民族文化传统。苗族服饰文化伴随着苗族历史发展而变迁，在保存自己的文化并将之影响其他民族的同时，亦吸收了其他民族的精华，形成了苗族至今仍充满生机活力的绚丽多姿的文化。苗族服饰各地也多有不同。男子多用布包头，身穿对襟短衣长裤。妇女衣着鲜艳美观，形式多样，多穿大领对襟短衣和长短不同的百褶裙，并擅长纺织、刺绣、蜡

苗族盛装的新娘

染、工艺精致。

绣饰和银饰构成了苗族服饰的整体。绣饰是苗族服饰的重要部分，各种银饰为主要佩饰，构成了苗族身体佩饰的一大特色。在苗族眼里，银饰不仅是避邪的神物，也因为它是贵重的东西而联想起富有，因此，戴上这些银饰，在他们自己和别人看来都是很美的，更可得到吉祥幸福。苗家少女全身上下的佩饰清一色都是银饰，丁当着响。重的可达 8~10 公斤，其银饰种类繁多，造型奇特，工艺精致，在中国各民族中是首屈一指的。

苗族人还佩戴头饰银角。苗族的图腾为大牛角，苗族把大水牯牛视为力量和强大的象征，对牛的崇拜达到了顶礼膜拜的程度，将其作为饰品佩戴，苗族头饰银角反映出牛在苗家人心中的图腾地位。苗族女子头戴银角，是苗族图腾文化与农耕文化相结合的产物。苗族姑娘的银冠有排马、银花草、银风雀、银葵、银蝶、银响铃等，满头银饰繁花似锦、富丽至极，银冠高高戴在头上，十分漂亮。苗族丰富的银饰，绚丽的花衣构成了苗族身体装饰的独特风貌。每逢节日，身着花衣花裙，披银戴银的各族少女，从四面八方汇集在一起，展示工艺独特的民族服饰。她们以婀娜多姿的舞姿，楚楚动人的容貌，显现出“银角海洋”的壮丽景观。有一首苗歌这样唱道：“花花衣裤花头巾，花帕花带花围裙，花花鞋子花花伞，花花场赶花花人。”这首歌唱出了苗家人的锦绣装束。

其他少数民族服饰

不仅只有苗族服饰精美，布依、侗、仡佬等族的服饰也富有特色。布依族青年男子穿对襟短褂、长裤、包头巾，大多数妇女穿长裤或褶子裙，戴各种银质首饰。侗族服饰大体上可以分为南、北两大类型。南侗善绣，服饰极为精美；北

侗族服饰

侗男子服饰与汉族已无大异，妇女还保留传统特色。仡佬族妇女服饰，又因地域和习惯不同，各有特色。白仡佬一般身束白腰带，青仡佬包青头帕；花仡佬服饰比较讲究，裙上有九道花纹，头帕还饰有银泡。仡佬女性在头上挽髻，戴绣花垂户帽，上穿短衣，下着筒裙，足登钩尖鞋，衣领及袖口镶花色条文，筒裙镶红、白、蓝各色花线条。男性上衣分为两种，长衣为斜襟，纽扣在右，短衣为对襟，纽扣在中；头包布帕，赤足或穿草鞋。水族男性以穿大襟无领蓝布长衫为特点，袖宽 20 多厘米，前后襟长及膝下，头戴瓜皮帽。老人穿右衽长衫和宽脚裤。妇女上穿青色无领对襟短衣，身大袖宽，衣角镶有彩色花边；下穿长裤或短裙，系有布围腰；脚穿翘鼻绣花鞋。青壮年妇女头发梳成一束斜绾在头上。

丰富独特的服饰文化是夜郎诸民族文化百花园中的一朵奇葩。服饰图案代替了文字，从而使没有各民族服饰文化成为各民族特色的直接体现，堪称“无字史字”。

做侗族服装的侗布。先用织布机手工制成，然后先用靛蓝反复浸染，清洗晒干，再用木槌捶打半个多月，才算完成

十、以傩戏为代表的民族歌舞戏剧文化游

古老的傩戏

傩戏是我国最古老的民间戏剧之一种。原始时代，人们把疾病死亡等各种可怕的事情都归结为“鬼”或“怪”的作祟，为惊吓、驱逐恶魔，于是便戴起相貌凶恶的面具，口中高呼傩傩（音 nuo）的声音，以惊吓、驱逐它们。这种形式约定俗成而形成“傩仪”。举行傩仪时往往载歌载舞，久之又形成“傩舞”。以后在傩舞中分别扮演角色，逐渐就形成

贵州省福泉市黄土哨村寨傩戏阳戏

㊧贵州东部乌江两岸是傩文化聚集地

了“傩戏”。

傩戏演出的特点是必须戴面具演出。傩戏面具分别用金属或竹、木、泥、纸等制成，其形象或凶神恶煞，或和颜悦色，或诙谐滑稽，以代表不同的年龄、性格和角色。我国傩戏最为集中的是贵州省，其傩戏面具艺术也尤为发达。近年来，该省的傩戏面具在国外展出，引起热烈的反应。

迄今发现最早的傩戏面具，是制作于商周时期，用青铜铸成的面具，现存于美国西雅图美术馆。这个青铜傩戏面具大小于人头相仿，两侧有穿带子的小孔，可以系缚在人的头部。面具所铸图案为饕餮。《吕氏春秋·先识》说：“周鼎著饕餮，有首无身。”商周时期钟鼎彝器上多刻其头部形状作为装饰。

傩文化不仅历史悠久，而且生命力十分顽强，贵州更是傩文化资源最丰富的土壤。贵州傩文化中的一个品种，即安顺地戏，更是在 1986 年秋，应邀赴欧洲参加法国第 15 届秋季艺术节和西班牙马德里第 2 届艺术节，演员全部是安顺市郊蔡官屯的农民，他们的演出使世界艺术之都的巴黎人和马德里人觉得十分新奇。1987 年秋，“贵州民族民间傩戏面具展览”在北京举行，反应热烈，贵州傩戏面具成为大受欢迎的工艺美术品，次年又在贵阳举行了贵州傩艺术形态展和贵州傩文化学术研讨会，与会学者来自全国各地，会后成立了

中国傩戏学研究会。

贵州东部的乌江流域（包括石阡、思南、印江、德江、沿河等县）是傩文化的集中地，种类有汉傩、苗傩、土家傩、侗傩、仡佬傩等。傩事内涵从驱鬼扩展到祛灾、避难、镇邪、占卜、治病、求子、求寿、祈财、纳吉等世俗生活的一切方面。傩事形式也各有其地方特色。因集中于乌江下游地区，学界称之为“乌江傩”，又因这片地方的行政区划属于铜仁地区，也称“铜仁傩文化”。据粗略统计，在这块面积 17000 平方公里、聚居着 27 个民族、320 万人的土地上，现有傩戏班子 400 来个，被学界称为“戏剧活化石”的傩堂戏，在广大农村中仍然很活跃，不仅是当地文化生活中的重要内容，更成为一项富有魅力的人文景观。傩戏是一种古老的民间艺术，她的产生和发展对中国戏曲的产生和发展有很大的意义。从近代戏剧中“净”、“丑”等角色的脸谱中可以看到傩戏对戏曲的影响和渗透。

多彩的戏种

贵州不仅有傩戏，还有侗戏、布依戏、地戏等。侗戏诞生于清代嘉庆至道光年间，源于黎平县的腊洞。后逐渐传远，成为侗族人民喜爱的戏剧世术；布依戏孕育于布依族宗

黔东地戏面具

教和祭祀仪式中，至清乾隆时期，一些民间艺人融会了布依板凳戏、彩调和地戏，使之逐渐演变成为布依戏。地戏俗称“跳神”，分布在安顺、平坝一带的屯堡村寨。演唱地戏一般在新春之后至正月十五前后这一段农闲节庆日。跳地戏一是自娱自乐，二是祭神、娱神，驱鬼逐邪，祈祷丰年，祝愿平安。后者表现为一种原始的神灵崇拜的古风。表演地戏大都在露天场所进行，无须舞台，故称地戏。地戏很受群众的欢迎，至今仍非常盛行。

尾声

是的，夜郎，我来了，我看见了，我赢了。

潜入历史浩瀚的海洋，我们终于看到了夜郎那神秘而又绚丽的一面。

夜郎，一个伟大的文明，一个带有神秘色彩的文明，一个具有鲜明民族风格的文明，在我们面前，已经显露出比较明显的脉络。

通过对历史资料的梳理和历史遗迹的考察，夜郎已浮出历史地表，其发达的青铜文化足以显示出先祖人民的勤劳和智慧。从春秋战国，她一路走来，似水年华，风光无限。夜郎古国不仅创造了在当时相对发达的物质文明，还创造出了璀璨瑰奇的夜郎文化。正是这独特的夜郎文化吸引着我们一路前行，一路观察，一路思考。夜郎古国的史料传记、古墓古城无不显示出这个政权的身影；夜郎古国的青铜铸造、宗教巫术、生活习俗无不显示出这个文明的成熟。这一切，让我们一路欣喜、一路感叹。

夜郎政权早已随风而去，但其文明的精神却已经深深地融入这片土地，再也无法抹去。这片土地，就是今天的贵州。

一切对文明的考察，最后终要落脚于现实的生活。贵州已经传承了夜郎文明的精华，成为一个血脉相连的肌体。贵